BORELLI-BEY

LA

CHUTE DE KHARTOUM

26 JANVIER 1885

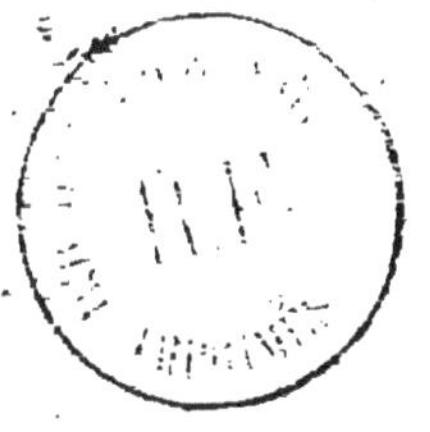

PROCÈS

DU

COLONEL HASSAN-BENHASSAOUI

JUIN-JUILLET 1887

PARIS
ANCIENNE MAISON QUANTIN
LIBRAIRIES-IMPRIMERIES RÉUNIES
7, rue Saint-Benoît.

LE CAIRE
JULES BARBIER, LIBRAIRE-ÉDITEUR
1893

A mes amis d'Égypte je dédie cette publication. Ils me l'ont demandée sous l'impression d'un sentiment de dignité nationale dont l'éveil est de bon augure. Puisse-t-elle contribuer à l'affermissement de tendances qui les honorent et préparent à la vallée du Nil un avenir d'indépendance progressive et féconde.

OCTAVE BORELLI.

Rome, 15 novembre 1892.

LA

CHUTE DE KHARTOUM

BORELLI-BEY

LA CHUTE DE KHARTOUM

26 JANVIER 1885

PROCÈS DU COLONEL HASSAN-BENHASSAOUI

JUIN-JUILLET 1887

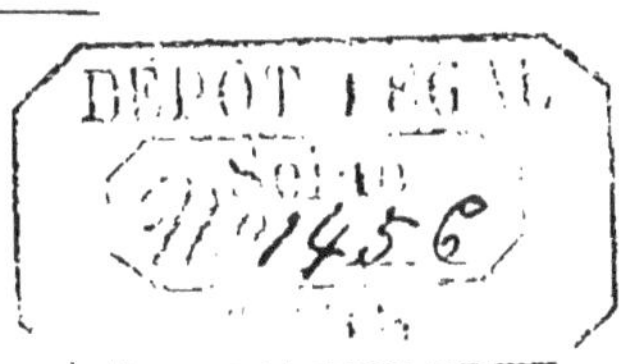

PARIS
ANCIENNE MAISON QUANTIN
LIBRAIRIES-IMPRIMERIES RÉUNIES
7, rue Saint-Benoît

LE CAIRE
JULES BARBIER, LIBRAIRE-ÉDITEUR
1893

AVANT-PROPOS

Mystérieuse paraît encore la chute de Khartoum, — mystérieux sont restés les desseins de Gordon, — mystérieuses les intentions de Wolseley, qui précipita Gordon, mal renseigné, au milieu de la tourmente mahdiste !

La situation était gravement compromise, sinon perdue, quand Gordon reparut sur la scène en Égypte et au Soudan.

Mohamed-Ahmed, le Mahdi, n'en était plus à faire le piteux étalage de ses vertus et de sa foi, ni à contracter d'avantageuses unions conjugales, ni même à chercher des appuis dans des Chefs de tribus, en exploitant des mécontentements légitimes ou injustes. Le fanatisme avait déjà embrasé le Kordofan et le Darfour, et l'incendie avait gagné le Sennaar, la Nubie et les côtes de la mer Rouge.

Des premières campagnes et des succès éphémères

d'Abd-el-Kader-Pacha, en 1882, il ne restait que le souvenir. El-Obéid avait succombé ; Hicks-Pacha et ses onze mille hommes avaient été exterminés à Kasghel (5 novembre 1883). Berber et Souakim n'avaient plus leurs communications. Un détachement égyptien commandé par le Capitaine Montcrief avait été massacré à Tokar (6 novembre 1884) et, dans les premiers jours de décembre, une colonne de secours envoyée à Sinkat était anéantie.

Tout espoir d'étouffer un mouvement aussi formidable semblait perdu ; on ne parlait plus que d'évacuer le Soudan.

Une chose est certaine ; le Gouvernement Britannique et Sir Evelyn Baring [1], avec des incertitudes marquées dans l'accomplissement de leur programme, n'ont pas cessé de vouloir l'évacuation des Égyptiens. A Londres, les Ministres de la Reine se sont bornés d'abord à confier à Gordon une mission de renseignements.

« La mission du Général Gordon, écrit Lord Granville à Sir Evelyn Baring, est entièrement pacifique et ne doit entraîner aucun mouvement de troupes anglaises...

1. Sir Evelyn Baring a toujours été partisan de l'évacuation. Il la conseillait au Gouvernement de S. A. le Khédive, pour des raisons financières, dès 1879, — alors qu'il exerçait, pendant le *Condominium* anglo-français en Égypte, les fonctions de Contrôleur Général.

Ses instructions, arrêtées d'accord avec lui, portent qu'il renseignera le Gouvernement de Sa Majesté sur la situation militaire dans le Soudan; sur la sécurité des garnisons égyptiennes qui s'y trouvent encore; sur le meilleur mode d'évacuation de l'intérieur du Soudan... »

« Vous avez répété au Général Gordon, écrit encore Lord Granville à Sir Evelyn Baring, quelques jours après, que le principal but à atteindre était l'évacuation du Soudan; vous avez ajouté que cette mesure avait été résolue par le Gouvernement Égyptien, sur le conseil du Gouvernement de Sa Majesté... Vous considérez comme hors de discussion l'acquiescement du Général Gordon à ces vues... Quelques mois, pensez-vous, pourraient être nécessaires pour les réaliser, et notamment pour remettre le pays aux mains des anciens petits sultans, qui pourraient peut-être former une espèce de Confédération... Le Gouvernement de Sa Majesté, pénétré des nécessités de la situation, a approuvé ces instructions, qui transforment virtuellement la mission du Général Gordon. Au lieu d'avoir simplement à nous renseigner, il est désormais investi du mandat de présider à l'évacuation de Khartoum et de tout le Soudan... »

Le Firman du Khédive nommant Gordon Gouverneur Général du Soudan (26 janvier 1884) n'est pas moins clair, bien qu'il accentue l'idée subséquente de l'évacuation, c'est-à-dire l'établissement d'un nouveau Gouvernement. En voici les deux passages principaux :

« Effectuer l'évacuation de ces provinces, assurer la retraite des troupes, des employés civils et des habitants qui désireraient se réfugier en Égypte... Adopter les mesures les plus propres à l'accomplissement de ce mandat, et, après avoir effectué l'évacuation, faire le nécessaire pour établir un Gouvernement stable dans les différentes provinces du Soudan, pour y assurer le maintien de l'ordre, en fermant l'ère des désastres et des révoltes. »

Au profit de qui ce Gouvernement stable, succédant à l'autorité égyptienne, devait-il être constitué? Le Firman ne le dit pas, et il est permis de croire que l'équivoque ne répugnait pas aux mandants de l'infortuné Gordon.

Était-il sage d'évacuer le Soudan?

Cette résolution était-elle conforme aux intérêts de l'Égypte?

Était-il humain de rendre à la barbarie la plus grossière et la plus honteuse un territoire qui s'étend d'Assouan aux lacs Albert et Victoria, de la mer Rouge au Sahara et au Darfour, un territoire dont la superficie dépasse celle de la France, de l'Espagne et de l'Allemagne réunies?

L'évacuation était-elle possible au commencement de l'année 1884[1]? Les garnisons égyptiennes comprenaient

1. Sir Samuel Baker avait dit : Non ! — et le Colonel Watts Russell de Coëtlogon avait écrit de Khartoum, en décembre 1883 : « La retraite est encore possible. Elle ne le sera plus dans quelques semaines. »

vingt mille hommes; une population civile de dix à douze mille Chrétiens Soudanais et de trente mille Égyptiens était liée à leur sort. Les milliers de chameaux et les centaines de bateaux nécessaires à l'émigration de ce peuple à travers les mille kilomètres qui séparent Khartoum de Koresko étaient-ils prêts? Pouvait-on les trouver? — Comment franchir l'horrible désert de Nubie et comment résoudre cette question vitale : l'eau pendant la traversée du désert? Devait-on préférer la route de Dongola à celle de Souakim? — Où prendre les millions nécessaires à cette grande œuvre?

Graves problèmes! — Maintenant ils ne dépendent plus que de l'histoire. Elle les résoudra en prononçant les responsabilités définitives.

Quoi qu'il en soit, Gordon connut et accepta la mission que lui confiaient l'Angleterre et l'Égypte; on ne peut en douter. Avant de débarquer à Alexandrie, à bord du *Tanjore,* il écrivait :

« Les Ministres de la Reine, je l'ai bien compris, sont arrivés à la conclusion irrévocable qu'ils ne peuvent accepter l'onéreux honneur d'assurer une administration juste et équitable aux peuples du Soudan. Par une conséquence logique, ils ont décidé de rendre ces peuples à l'indépendance et de ne plus souffrir que le Gouvernement Égyptien se mêle de leurs affaires. Les Ministres de la Reine m'envoient donc au Soudan pour négocier l'évacuation de ce pays et le départ de tous les soldats ou employés Égyptiens. »

La lettre qu'il adressait à la même date à M. Barne est aussi explicite et plus caractéristique :

« En mer, 22 janvier 1884.

« Mon cher monsieur Barne, votre lettre écrite le jour de l'Épiphanie ne m'a pas échappé; mais je vous ai vu depuis lors. Le bon larron était à droite, — du côté de la blessure; — c'est un point de plus que voilà fixé. Le mauvais larron était à gauche.

« Je vous dois le récit succinct de ce qui s'est passé. Vous vous rappelez que Wolseley m'avait télégraphié chez vous; mais sa dépêche ne m'arriva que le dimanche. Elle disait : « Venez sur-le-champ. » Au moment où elle me parvint, j'étais énervé à tel point de tous ces tiraillements que je dis à ma sœur : « Je vais me sauver à Bruxelles, pas plus tard que mercredi (le 16 janvier). » Je répondis donc à Wolseley : « Je vous verrai mardi 15, et le 16 je partirai pour Bruxelles. » A deux heures, le mardi, j'étais au rendez-vous. Je restai avec Wolseley ou dans son cabinet, de deux heures à cinq heures, pendant qu'il catéchisait les ministres. Ils n'arrivèrent pas à prendre une décision. Sur quoi je dis : « Je pars pour Bruxelles. » Personnellement, je n'avais pas eu affaire aux ministres. Le mercredi matin, me voilà donc parti pour Bruxelles, où j'arrivai le soir. Le jeudi à midi, nouveau télégramme de Wolseley : « Revenez sur l'heure. » Je vis le roi, qui n'aimait pas du tout ce nouveau projet de départ pour le Soudan, et à huit heures du soir, je repartis pour Londres, où j'arrivai le vendredi matin à six heures. A huit heures j'étais chez Wolseley. Il me dit que rien n'était encore décidé, mais que les ministres me recevraient à trois heures et demie.

Notez que personne ne me savait de retour. Dans l'après-midi, Wolseley vint me prendre et me mena au Conseil. Il y entra d'abord seul, causa avec les ministres, puis vint me rejoindre et me dit : « Le cabinet désire que vous entendiez bien *qu'il est décidé à évacuer le Soudan, et qu'il ne saurait garantir le futur Gouvernement de ce pays.* Êtes-vous prêt à partir dans ces conditions? » Je dis : « Oui. » — « Venez donc », reprit-il alors, et il m'introduisit dans la salle du Conseil. On me demanda : « Wolseley vous a-t-il communiqué nos instructions? » Je répondis : « Il m'a dit que vous n'entendiez pas garantir le futur Gouvernement du Soudan et que vous désiriez m'y envoyer pour diriger l'évacuation. » — « C'est cela même », me fut-il déclaré. — Ainsi se termina l'affaire. A huit heures du soir, je pris le train pour Calais... »

Des amis de Gordon ont apprécié sévèrement le rôle de Lord Wolseley dans cette tragi-comédie. Ils l'ont considéré comme le meneur de l'affaire et ils n'ont pas craint d'entrevoir une arrière-pensée dans le cerveau de l'illustre Général. S'il tenait au départ de Gordon, ont-ils dit, ce n'était pas pour assurer l'évacuation, mais bien parce qu'il savait Gordon capable de l'empêcher... « Soit qu'il ait voulu, selon l'ordinaire usage des chefs militaires, se tailler un rôle en Afrique, — soit qu'il ait cru sincèrement servir les véritables intérêts de son pays, — le vrai coupable, c'est lui [1] ! » Cette appréciation violente est trop exclusive. L'intervention de Lord Wolseley dans une

1. Lettres de Gordon à sa sœur, publiées par Philippe Daryl, *in fine*.

question d'ordre militaire en Égypte, au lendemain de son heureuse expédition contre le rebelle Arabi, paraît naturelle; mais, en réalité, le caractère que prend cette intervention, dans le récit de Gordon, la rend troublante.

Il est impossible de suspecter la bonne foi de Gordon; il ignorait donc l'état véritable des choses au Soudan; ses contradictions ont été le résultat de ses angoisses en face des situations brutales et poignantes qui se sont révélées à lui par des coups de surprise. Il ne croyait pas à la force de l'insurrection. Les Soudanais, disait-il, sont les meilleures créatures de la terre. Ils méritent la pitié et la sympathie. Il ne serait pas impossible de s'arranger avec le Mahdi; c'est probablement un simple pantin dont les parents et alliés de Zuber tiennent les ficelles! Sur les vingt-cinq ou trente mille hommes qui peuvent se trouver réunis à El-Obéid, à peine trois ou quatre mille oseraient-ils traverser le Nil, et ceux-là sont principalement des déserteurs nègres de l'armée égyptienne, qu'on pourrait aisément faire rentrer dans le devoir en leur assurant une amnistie.

« Je ne crois pas, écrit-il à M. Barne, le 1er février, au prétendu mouvement offensif du Mahdi, qui est le neveu d'un de mes vieux guides du Darfour, le meilleur compagnon de la terre... » — Et le 8 février, d'Abou-Hamed : « Ces peuples sont parfaitement tranquilles et pleins d'espoir. La défaite de Hicks a évidemment fait beaucoup moins d'impression ici qu'au Caire. Il semble même que la grande difficulté pour tirer du Soudan les éléments égyptiens, c'est qu'ils ne veulent pas s'en aller... J'espère que dans un mois (*Deo volente*) ce pays sera pacifié et toutes les routes ouvertes. » (!)

La raison demeure confondue quand la mémoire résume et rapproche les actes antérieurs de Gordon, sa conduite à Khartoum et même ses idées, à quelques jours d'intervalle, pendant cet épisode néfaste.

Personne n'ignore quelle page glorieuse appartient à Gordon dans l'histoire de la suppression de l'esclavage africain. On se rappelle qu'aux premières ouvertures des Ministres de la Reine il avait répondu en déclarant que sous aucun prétexte il n'irait au Soudan en qualité de représentant du Khédive ou du Gouvernement Égyptien; on se rappelle aussi que Gordon tenait pour essentiel de proclamer qu'aucun Turc ni Circassien ne viendrait désormais au Soudan.

Or quel démenti Gordon ne donne-t-il pas à Gordon dans sa trop fameuse proclamation?

A tous les habitants.

« Je suis nommé Gouverneur Général du Soudan par décret du Khédive, le Très Élevé, et de Britannia, la Toute-Puissante. *Le Soudan sera désormais indépendant* et régira ses propres affaires sans que le Gouvernement Égyptien s'en mêle en aucune façon.

« Je proclame une amnistie et je vous rends les privilèges dont vous jouissiez sous le régime de Saïd-Pacha. Je vous informe que S. M. le Sultan, le Très Élevé, avait résolu d'envoyer ici des soldats Turcs, les célèbres et vaillants conquérants. Mais Sa Majesté, ayant appris vos souffrances et la compassion qu'elles m'inspirent, m'a envoyé, à grand péril, soutenu par ma foi dans le Dieu de toute l'humanité, pour empêcher en son nom que la guerre éclate entre Musulmans.

« Votre tranquillité est notre unique but. Comme je sais que vous êtes attristés au sujet de l'esclavage qui existait parmi vous, et des ordres formels donnés par le Gouvernement pour l'abolir, et des peines portées contre ceux qui font le commerce des esclaves, et des mesures prises à ce sujet, toutes choses réglées par firmans impériaux et que vous connaissez bien, — j'ai décidé qu'à l'avenir personne ne se mêlera de vos affaires à cet égard, et que chacun pourra à sa volonté prendre un autre homme à son service. Il n'y aura pas de règlements pour l'en empêcher; il fera ce qu'il jugera à propos sur cet objet, sans l'intervention de quiconque. En foi de quoi j'ai donné cet ordre.

« Ma compassion pour vous.

« *Signé* : GORDON-PACHA. »

. . . .

Et depuis lors?...

. . . .

Le 6 février, Gordon fait part à Sir Evelyn Baring, stupéfait, de son intention de se rendre personnellement dans le camp du Mahdi, — et le prévient de l'éventualité d'être gardé comme otage !

Il conseille ensuite de demander des troupes au Sultan et de payer les frais d'une expédition turque. Trois mille hommes suffiraient. Les forces du Khalife n'auraient qu'à paraître pour faire tomber le vent de fanatisme religieux qui souffle au Soudan.

Dans ce même mois de février Gordon réclame comme coadjuteur et successeur présomptif Zuber, le marchand d'esclaves qu'il a combattu avec une ardeur presque cruelle, Zuber dont il a pris et fait passer par les armes le fils, Soliman ! Il insiste pendant plusieurs semaines, sans se préoccuper du soulèvement de l'opinion publique.

Le 2 mars, il suggère l'idée d'une expédition anglaise de secours et dix jours plus tard il offre sa démission en annonçant qu'il se retirera, avec les steamers et les approvisionnements, dans les provinces du Bahr-el-Ghazal et de l'Équateur, en les plaçant sous le pavillon du roi des Belges !

A ce moment déjà Sir Evelyn Baring, avec une froide perspicacité, dégageait nettement la situation et concluait.

Tandis que Lord Granville s'appliquait à écarter du Gouvernement Britannique toute solidarité avec qui que ce soit dans les affaires du Soudan, Sir Evelyn lui écrivait : « La question est maintenant d'arriver à tirer de Khartoum le Général Gordon et le Colonel Stewart[1]. »

Mais le Mahdi se rapprochait. Le flot barbare menaçait Khartoum. Les événements se précipitaient. Gordon était homme d'action; il redevint lui-même et fut admirable. Sa grande figure domine le dénouement tragique de cette aventure et s'impose au respect de tous. Il n'est pas dans l'histoire de caractère plus noble et plus chevaleresque, de courage plus haut, d'abnégation plus touchante et plus sublime.

Lord Granville hésitait à secourir Gordon. Le Parlement l'effrayait. Il fit savoir à Gordon qu'il ne pouvait compter ni sur des forces anglaises, ni sur des forces turques, — mais que d'ailleurs sa reconnaissance lui était acquise.

Gordon n'avait plus à prendre conseil que de lui-même et des circonstances, à vaincre ou à mourir...

Khartoum était investi et séparé du monde civilisé. Avril, mai, juin, juillet s'écoulèrent. A de longs intervalles, des nouvelles dues à quelque heureux hasard, parvenaient au Caire ou sur les bords de la mer Rouge. Elles donnaient une impression douloureuse et presque fantastique; on en frissonnait. Gordon était vivant et Khartoum tenait bon.

1. Sir Evelyn Baring à Lord Granville, 24 mars.

L'émotion grandissait. Un irrésistible mouvement d'opinion pressa le Ministère Gladstone d'envoyer au Soudan une troupe de secours sous le commandement de Lord Wolseley. Les préparatifs furent interminables; on attendit des barques du Saint-Laurent et des rameurs Canadiens pour s'assurer une bonne navigation sur le Nil. Août, septembre, octobre et novembre furent consacrés à tout organiser.

Pendant ce temps la situation empirait. Des Arabes Mahdistes ou pillards s'étaient emparés du vapeur qui ramenait en Égypte Stewart et Herbin..... Mais Khartoum tenait encore.

Le 4 novembre, Gordon écrivait à Lord Wolseley une lettre superbe et palpitante, vrai mémorial du siège. Qui ne s'en souvient ?

« Khartoum, 4 novembre 1884.

« Reçu hier des lettres de Debbeh, envoyées par Kitchener, 14 octobre. Je ne puis déchiffrer la note de Lord Wolseley, 20 septembre dernier, Stewart ayant emporté le chiffre avec lui. Je n'ai pas reçu d'autre communication depuis la note n° 31, arrivée ici le 17 septembre, une semaine après le départ de Stewart. Au verso vous trouverez les noms des Européens embarqués avec lui. Cinq steamers armés de canons attendent vos ordres à Métemmeh. *Nous pouvons encore tenir aisément quarante jours, après quoi ce sera difficile.* Cette perte du steamer est terrible : j'y avais embarqué Stewart,

Power et Herbin, avec mandat de vous apporter tous les renseignements possibles. Stewart avait notamment le journal du siège, du 1er mars au 10 septembre... Le Mahdi est ici, à environ huit milles de nous... Tout notre front nord, le long du Nil Blanc, est libre d'Arabes. Ils occupent seulement le sud, le sud-ouest et l'est de nos abords, mais assez loin, et sans nous inquiéter. Sennaar tient toujours et sait que vous arrivez à notre secours. A bord des steamers (de Métemmeh) se trouve mon journal du 10 septembre à ce jour, avec tous les détails utiles et une carte de Berber... Nous avons de temps à autre quelques escarmouches avec les Arabes. Le Mahdi annonce qu'il ne se battra pas de tout le présent mois (*moharram*). Il a avec lui tous les Européens tombés en son pouvoir, les religieuses catholiques, etc., et répand le bruit qu'ils se sont faits musulmans... Depuis le 10 mars jusqu'à ce jour, nous n'avons eu, avec la dépêche de Kitchener, que trois autres lettres du dehors : l'une de Souakim, 5 mai, l'autre du même lieu, 27 avril, la troisième de Dongola, sans date. Le paquet de Kitchener m'en apporte de ma sœur, de Sir Samuel Baker et de Stanley : veuillez faire annoncer le fait par les journaux. Depuis huit mois j'ai envoyé un très grand nombre de messagers dans toutes les directions. Qu'on ne m'adresse plus de correspondances privées : elles ont trop peu de chances de me parvenir. Inutile de m'écrire en chiffre, car je n'en ai pas, et d'ailleurs le Mahdi n'a rien à apprendre, il est parfaitement informé de tous vos mouvements. Je conseille la route d'Ambukol à Métemmeh, où mes steamers vous attendent... Si le journal emporté par Stewart est perdu, il n'existe plus de mémento du siège du 1er mars au 10 septembre, si ce n'est celui qu'a tenu le docteur. *Il est bien entendu que votre expédition a pour but d'effectuer la délivrance des garnisons égyptiennes, que je n'ai pu accomplir : je ne saurais admettre qu'elle fût pour moi personnellement...* Le journal emporté par Stewart était un véritable bijou, illustré de toutes les lettres que j'ai reçues du Mahdi, etc. Vous pouvez ne pas savoir ce qui s'est passé ici. Les Arabes nous ont investis le 12 mars. Le 16, nous les avons attaqués, mais sans succès ; nous avons perdu un canon et un grand nombre d'hommes. Depuis cette date les combats d'avant-postes ont été incessants. En trois ou quatre de ces engagements, à l'époque de la crue du Nil, nous avons réussi à mettre l'ennemi en déroute et à brûler son camp.

« J'ai alors envoyé deux détachements à Sennaar. Une sortie effectuée plus tard a été moins heureuse ; nous avons été repoussés avec de fortes pertes. Cet échec se rapporte à la date du 4 septembre. Depuis lors nous avons été relativement tranquilles, en brûlant toutefois trois millions de cartouches... Deux de nos petits vapeurs ont été pris par les Arabes à Berber, et un troisième sur le Nil Bleu ; mais nous en avons construit deux autres, et nous avons armé de plaques de tôle toute notre flottille. Chacun de nos bateaux a reçu en moyenne 1,000 balles et 3 obus. Nos défenses avancées consistent surtout en chevaux de frise, obstacles de fil d'archal et torpilles souterraines éclatant par l'action de simples allumettes chimiques. Nous nous en sommes fort bien trouvés... Une seule quinzaine de solde est due à la troupe. J'ai émis du papier-monnaie, après avoir donné en payement tous les draps de nos magasins. Nous avons aussi institué et distribué une décoration qui comprend trois classes de médailles, en or, en argent et en étain, frappées à l'empreinte d'une grenade. Dans le courant du mois dernier j'ai envoyé dix steamers à Métemmeh, sans compter celui-ci, qui part demain. »

Des semaines s'écoulèrent encore. L'expédition, constamment retardée, décourageait toutes les espérances. Le 14 décembre, Gordon traçait la dernière page qui nous soit parvenue de son journal ; elle se termine par cette parole suprême : « Adieu ! » — et sur un bout de papier minuscule apporté à Lord Wolseley, il écrivait : « Khartoum tient toujours ! »

On sait le reste. Khartoum tint encore quarante-deux jours ! Le quarante-quatrième, Sir Charles Wilson, sur l'un des vapeurs envoyés par Gordon au-devant du corps expéditionnaire, remontait le Nil de Métemmeh à Khartoum ; il était reçu à coups de fusil et ne mettait même pas pied à terre : les Mahdistes occupaient les rives du fleuve, la ville était un monceau de ruines.

La déception fut cruelle et l'émotion profonde. Sans rechercher aucune responsabilité, il est permis de croire que les retards inouïs de Lord Wolseley auraient pu être abrégés. Gagner deux jours sur cinq mois n'était pas impossible. Alors, cependant, la face des choses eût été bien changée au Soudan. Gordon, du moins, eût été sauvé ! Un sentiment naturel pousse les hommes à chercher en dehors de leurs propres fautes la raison de leurs maux. Que de conjectures n'a-t-on pas faites sur la chute de Khartoum! Que de fois n'a-t-on pas dit : « Les sables du Soudan comme les flots de la mer gardent leurs secrets! » Aussi bien on a pu, sans danger d'aucune sorte, ajouter à cette réflexion imagée des insinuations voire des reproches formels de trahison contre les soldats égyptiens, victimes, comme Gordon lui-même, des fureurs Mahdistes. — C'est une erreur ou une calomnie.

Les sables du Soudan comme les flots de la mer renvoient des épaves. Le procès du Colonel Hassan Benhassaoui en est un exemple. Conduit loyalement, avec l'assistance d'officiers supérieurs de grande distinction appartenant à l'armée anglaise, il est définitivement jugé. Pour l'honneur de l'Égypte, il est certain que si des défections individuelles se sont produites sous les murs de Khartoum, il n'y a pas eu trahison. Les modestes compagnons d'armes de Gordon ont souffert, avec lui, sans révolte, les plus dures épreuves. Morts ou survivants, ils ont été dignes de lui!

LA

CHUTE DE KHARTOUM

COUR MARTIALE GÉNÉRALE DU CAIRE

PROCÈS DE HASSAN-BEY-BENHASSAOUI

AUDIENCE DU 14 JUIN

La Cour Martiale Générale est composée de S. E. Sir Edward Zohrab-Pacha (Liva[1]), Président,

Et de :

M. Huleatt (de l'Armée Britannique, au service Égyptien), Bimbachi[2];

Bekir-Effendi-Chaouki, Bimbachi ;

Hassan-Effendi-Lami, Bimbachi,

Ibrahim-Effendi-Ragheb, Bimbachi ;

Aly-Effendi-Haïdar, Bimbachi ;

Mohamed-Effendi-Bagham, Bimbachi, — membres.

Le siège du Ministère Public (Prosecutor) est occupé par S. E. Mohamed-Moukhtar-Pacha, (Liva).

1. Le grade de Liva correspond à celui de Général de Brigade.
2. Le grade de Bimbachi est analogue à celui de Chef de Bataillon.

L'honorable Quirk-Bey (de l'Armée Britannique au service Égyptien), Miralaï[1], remplit les fonctions d'Avocat-Juge. Borelli-Bey, Avocat (assisté de Me Albrecht, avocat, et de M. Sadeq-Kamel, interprète), comparaît pour la défense d'Hassan-Bey-Benhassaoui.

L'audience est ouverte à neuf heures du matin[2].

Le Président prête serment entre les mains de l'Avocat-Juge et les Membres de la Cour entre les mains du Président.

Le Président reçoit le serment de l'Avocat-Juge.

La Cour vérifie ensuite ses pouvoirs. L'un de ses Membres donne lecture de l'ordre de convocation et de l'acte d'accusation qui renvoie devant elle Hassan-Bey-Benhassaoui[3].

Préalablement à la lecture de l'acte d'accusation, Hassan-Bey, interpellé par le président, déclare qu'il n'a aucune objection contre la composition de la Cour et qu'il ne connaît aucun de ses membres.

Acte d'accusation[4].

Le prisonnier Hassan-Effendi-Benhassaoui, Bimbachi de l'Armée Égyptienne, précédemment Wekil-Miralaï et

1. Le grade de Miralaï correspond à celui de Colonel.

2. A cause de l'importance de ce procès et du public qui se pressait pour assister aux débats, la Cour Martiale se transporta dans la salle de l'Assemblée Générale des Notables.

3. En vertu d'un Ordre du Ministre de la Guerre, *sub* n° 895, Hassan-Bey avait été autorisé à demeurer dans son habitation privée, prisonnier sur parole. Il était conduit à chaque audience et ramené ensuite chez lui par un Officier de l'armée égyptienne.

4. Ce document, traduit de l'anglais, fut présenté à la Cour en langues anglaise et arabe.

Commandant du 5e Régiment d'Infanterie à Khartoum, est accusé de ce qui suit :

1° D'avoir honteusement livré une position :

Et ce :

A Khartoum (Soudan), à la date du 26 janvier 1885 ou à peu près; il a honteusement livré à l'ennemi une position de la ligne de défense de Khartoum, position qui lui était confiée.

2° D'avoir usé de moyens tendant à induire d'autres personnes à livrer honteusement des positions qu'il était de leur devoir de défendre.

Et ce :

A Khartoum (Soudan), à la date du 26 janvier 1885 ou à peu près, en poussant certains Officiers et Soldats sous son commandement à ouvrir certaines portes de la ligne de défense de Khartoum.

3° D'avoir communiqué traîtreusement avec l'ennemi.

Et ce :

A Khartoum (Soudan), à la date du 24 janvier 1885 ou à peu près, en écrivant au Mahdi pour lui annoncer l'approche des Anglais et l'engager à entrer dans la ville par le Nil Blanc, attendu que des ordres avaient été donnés au 5e Régiment d'Infanterie de ne point faire feu dudit côté.

A juger par la Cour Martiale.

30 mai 1887.

Le Président demande à l'accusé si, sur chacun de ces chefs, il « plaide coupable ou non coupable ».

L'accusé répond : « Non coupable ! »

Aussitôt, la parole est donnée à S. E. Mohamed-Moukhtar-Pacha, qui prononce le réquisitoire suivant[1] :

Monsieur le Président,
Messieurs les Membres de la Cour,
Monsieur l'Avocat-Juge,

Je vous adresse ces quelques mots dans le but d'aider la Cour à rendre la Justice et pour vous donner témoignage de mon impartialité, en écartant tout ce qui pourrait porter atteinte aux droits de l'inculpé ou au respect dû à l'Armée.

Si nous considérons la situation géographique de la ville de Khartoum, nous constatons que cette ville est défendue au nord, par une branche du Nil Bleu qui conflue au Nil Blanc, dont la largeur est de... ; à l'ouest, par le Nil Blanc, dont la largeur est de... ; au sud, par une ligne de fortification d'une longueur de 9 kilomètres environ, formée par un retranchement d'une épaisseur de 14 yards et par un fossé de 17 yards de largeur, 8 de profondeur, 10 de largeur, au fond.

Il existait, en outre, autour de Khartoum une ceinture de forts avancés : d'abord, du côté nord-ouest, dominant un parcours de 6,000 mètres à partir du palais du Gouvernement, un premier fort, défendu de tous côtés par le Nil, protège l'Ile de Touti. Un second fort, placé au

1. Dans cette traduction de l'arabe comme dans toutes celles qui suivent, on a négligé toute préoccupation de style pour se rapprocher le plus possible des idées ou des nuances d'idées exprimées par les orateurs ou les témoins.

sud-est, domine un parcours de 1,200 mètres et s'étend jusqu'à Touti.

Le fort d'Omdourman, situé sur la rive Ouest du Nil Blanc, protège de ses feux la partie comprise entre ce dernier fort et celui du Makran.

Le fort Nord défend la rive Est du Nil Bleu, le Palais du Gouvernement et l'aile Est de la ligne de fortification.

Le fort Makran, par ses feux, vient en aide à la défense de l'aile Ouest de la ligne de fortification et de la rive du Nil Blanc de ce côté.

Enfin des batteries flottantes (placées sur des barques) concouraient encore à la défense des deux ailes de la ligne de fortification.

En cet état, l'accès de la ville ou sa prise était, non pas impossible, mais difficile, alors même que les assiégeants auraient disposé d'une armée régulière, expérimentée dans l'art de la guerre et munie de tout l'attirail nécessaire d'armes, de munitions et de ponts.

La prise de Khartoum était si difficile qu'on peut dire qu'elle était impossible pour des Soudanais révoltés qui, très impétueux dans les assauts, étaient dépourvus du matériel nécessaire pour franchir un fleuve comme le Nil et des fossés, pour des hommes ignorant l'art des manœuvres, des assauts même, etc., etc.

Les travaux du génie du côté Sud avaient été exécutés précisément dans le but d'empêcher ou de retarder un assaut, dans le cas où les rebelles auraient eu l'intention de pénétrer de vive force dans la ville.

La chute de Khartoum ne peut donc avoir eu pour cause qu'un manque de vigueur dans la défense sur la ligne des fortifications et de la part des batteries flottantes. Ce manque de vigueur ne peut avoir son explication que dans les deux hypothèses suivantes :

1° Le défaut de munitions, qui n'aurait cependant eu d'autre conséquence que l'obligation de faire usage de l'arme blanche avec opiniâtreté ;

2° L'ouverture des portes de la ville par tromperie et trahison.

Or nous savons pertinemment qu'il y avait des munitions de guerre dans Khartoum, non pas à suffisance, mais à profusion ; vous le constaterez par les dépositions des témoins que j'aurai l'honneur de vous présenter. Il nous est donc absolument imposé de conclure que Khartoum est tombé par les effets de la ruse et la trahison.

Ce n'est pas tout. En considérant attentivement les conditions dans lesquelles l'assaut a été donné, nous faisons les remarques suivantes :

1° L'assaut a eu lieu par surprise et subitement; au moment où il s'est produit, les rebelles n'ont même pas tiré le canon pour protéger leurs hordes assaillantes; c'est pourtant ce que leur commandait l'art militaire en pareil cas. Le succès n'est assuré, dans ces conditions, que si la défense néglige une vigilance essentielle ;

2° La non-utilisation des mines, alors que les assaillants étaient sur le terrain même où elles avaient été placées ;

3° Au moment de l'assaut, le clair de lune était éclatant; on pouvait voir l'ennemi et reconnaître ses mouvements. Il y a donc eu insouciance ou complot avec l'ennemi.

Dans un rapport de Hassan-Bey, il est question d'une partie du fossé comblée et non creusée à nouveau; mais cette circonstance ne dégage pas sa responsabilité pour deux motifs :

A. La surveillance de toute la ligne ou tout au moins de la partie par laquelle est entré l'ennemi lui était confiée; il était de son devoir de faire réparer la partie endommagée du fossé comme de prendre toutes les mesures voulues pour la défense.

B. La connaissance par l'ennemi de la faiblesse de la défense de ce côté (que Hassan-Bey reconnaît, mais dont il rejette la faute sur autrui, malgré les déclarations des témoins que vous allez entendre) est la preuve que Hassan-Bey s'obstinait à correspondre avec l'ennemi, puisque l'ennemi avait ce renseignement huit jours avant la chute de la place — et l'état des choses n'avait pas été changé!

De tout ce qui précède, résulte la conviction que Khartoum est tombé par tromperie et trahison[1].

Aussitôt après ce réquisitoire, il est passé à l'audition des témoins.

1. Ce réquisitoire fut écrit, signé par S. E. Mohamed-Moukhtar-Pacha et remis à la Cour.

Audition du 1er témoin à charge, Abd-el-Kader-Bey-Hassan [1].

Le premier témoin à charge, Abd-el-Kader-Bey-Hassan, examiné et contre-examiné, répond comme suit aux questions posées par la Cour, l'accusation et la défense.

J'étais Miralaï des Volontaires (Mettawaïn) et je me trouvais sur la ligne de défense du Sud de Khartoum, du côté du Nil Blanc.

Nous avions le Bringhi-Alaï [2] à l'Ouest, le Nil Blanc à l'Est et au Nord le fort Makran — (mais au loin).

Il y avait peu de soldats au fort Makran, environ trente-cinq Bachibouzouks, un canon et ses artilleurs.

Sur le Nil Blanc, deux barques contenaient des soldats armés de fusils, — mais sans canons. Sur le Nil Bleu il n'y avait pas de barques.

Les Mahdistes assaillants étaient en grand nombre, — 50,000 hommes environ.

Beaucoup de nos soldats sont morts sur la ligne de défense. Je ne puis me rappeler leur nombre.

Mille hommes environ, de toutes catégories, ont été sauvés.

Les soldats et autres hommes armés étaient au nombre d'environ 9,000. Par suite des départs et des désertions, ils se trouvaient réduits à 5,000 au moment de la chute de Khartoum. Tous étaient faibles, — très faibles.

La ligne de défense ne possédait que six canons, un Ourdi (?) et un Krupp; les autres étaient des canons de montagne.

1. Tous les témoins ont été entendus sous serment. Le Greffier de la Cour a écrit chaque déposition qui, après lecture publique, a été signée par le témoin.

2. Bringhi-Alaï — 1er Régiment.

La chute de Khartoum eut lieu le 26 janvier 1885, un lundi, à neuf heures (arabe) de la nuit.

Une compagnie du Bringhi-Alaï a été presque anéantie sur le côté Ouest de la ligne de défense.

Farragh-Pacha était commandant général.

Hassan-Effendi[1] était au Bachinghi-Alaï[2], au Nil Blanc. Il commandait toute la ligne.

Les Mahdistes sont entrés du côté du Nil Blanc, entre les barques et la première compagnie, par un endroit non retranché dont le commandant était Youssef-Effendi-Effat.

Les soldats des barques ont fait feu dès qu'ils se sont aperçus de l'entrée de l'ennemi. Le fort Makran a tiré.

L'assaut ayant eu lieu de nuit, le témoin n'a pu voir la distance du point de départ des assaillants.

L'assaut eut lieu sans être précédé de coups de canon. L'ennemi avait des armes à feu et des armes blanches; mais il se servait de préférence des armes blanches.

Quand l'ennemi est entré dans Khartoum, il s'est emparé des poudrières et des armes telles qu'elles étaient.

Les défenseurs de Khartoum n'avaient pas reçu d'ordres pour se réunir, en cas de défaite, sur un point quelconque de la ville.

Le témoin a entendu dire que Farragh-Pacha avait fait ouvrir les portes de Khartoum, — ainsi que Hassan-Benhassaoui qui, ayant franchi le fossé, était sorti de la ville. C'étaient des bruits courants.

1. L'accusation persista pendant tout le procès à refuser à Hassan-Bey-Benhassaoui le grade de Miralaï. On verra plus loin les incidents qui surgirent à ce propos et quelle fut l'issue de cette contestation.

2. Bachinghi-Alaï. — 5me Régiment.

Khartoum n'avait qu'une seule porte, celle qui aurait été ouverte par Farragh-Pacha et un seul endroit ouvert et non retranché.

Il y a eu des correspondances échangées entre dix-huit personnes et le Mahdi; Gordon-Pacha fit emprisonner ces dix-huit personnes. C'étaient : Osman-el-Moultazim, Wadi-Lelet-el-Kadi, Wadi-Mekwar, le Moudir Ali-Ahmed, etc. Il ne se rappelle pas les noms des autres.

Ces dix-huit personnes sont restées quelque temps en prison; elles ont été ensuite relâchées par Gordon-Pacha. « Je ne sais ni pourquoi, ni comment. »

Quand l'ennemi est entré par l'Ouest et qu'il massacrait sur la ligne, Hassan-Benhassaoui a franchi la ligne — du moins on l'a dit; mais « je ne l'ai pas vu ».

Khartoum contenait encore vingt à trente mille âmes le jour de sa chute.

Il a vu Hassan-Bey prisonnier.

Il a vu d'autres prisonniers, Fauzi, etc.

A la demande de la Cour : Les ennemis ont-ils traité Hassan-Bey avec ménagements? Le témoin répond : Je n'en sais rien.

Il ne sait pas non plus quel était le mieux traité des prisonniers.

D. Connaissez-vous Omer-Agha Ibrahim El Samari?

R. Je le connais; il vit encore avec les Mahdistes. Avant la chute de Khartoum, Omer-Agha avait déserté avec ses soldats et avait passé à l'ennemi. Je ne sais pas à quelle section il appartenait.

Farragh-Pacha est mort.

Borelli-Bey pose diverses questions au témoin qui lui répond ainsi :

— Je ne sais pas si la ligne de défense était subdivisée en quatre sections.

Youssef-Effendi-Effat commandait le point par où est entré l'ennemi.

Je ne me rappelle pas où commandait Osman-Hichmet.

J'étais sur la ligne au moment de l'assaut.

Je me suis défendu jusqu'au moment où j'ai été fait prisonnier.

Je ne me rappelle pas exactement la durée de la résistance; il y a si longtemps de cela ! Peut-être deux ou trois heures.

Je tenais un sabre à la main; mes soldats avaient des fusils.

Je me battais dans ma section.

Moi et mes hommes nous nous sommes battus de tous côtés, devant, derrière, etc.

Au moment de l'assaut, j'étais sur le Nil Blanc.

Fait prisonnier, j'ai été conduit chez moi dans la ville.

La Cour reprend l'examen du témoin Abd-el-Kader et obtient les réponses suivantes :

J'ai été amené chez moi pour y être dépouillé de mes biens; puis, conduit en prison au camp ennemi, d'abord à Ghagarat, plus tard à Omdurman.

L'ennemi est entré, il est vrai, d'abord par le Nil Blanc, mais aussi par d'autres points.

Hassan-Bey était à Kalakla.

Kalakla était au tiers de la ligne du côté du Nil Blanc.

Au point de vue de la nourriture, Hassan-Bey était traité comme les autres prisonniers.

Hassan-Bey était commandant « du tout » (?); il n'a

jamais donné d'ordres contraires aux usages militaires.

Aucun avis du commandant n'a annoncé que les Mahdistes devaient donner l'assaut.

Le jour de l'assaut, la vigilance fut la même que les autres jours.

Ce sont des Bédouins qui ont dit au témoin que la porte de la ville avait été ouverte sur l'ordre de Farragh-Pacha.

Il ne connaît pas les noms de ces Bédouins.

L'ennemi n'est pas entré par la porte, mais par le Nil Blanc, près de la position occupée par le témoin.

Le point non retranché sur le Nil Blanc mesurait environ cent cinquante mètres.

Gordon-Pacha l'avait vu et n'avait rien dit.

Depuis cinq jours (avant le jour de l'assaut) les soldats n'avaient plus de pain à manger. On ne mangeait que de la gomme. Avant, ils recevaient cent grammes de pain par jour.

Après les ânes et les chiens, ils ont tout mangé — même leurs propres jambes (*sic*). La ville mourait de faim.

Par suite de la famine, les soldats n'avaient plus la force de rien faire. Ils restaient quatre, cinq, dix jours sans distribution de vivres.

Quelques jours avant la chute de Khartoum (et on ne résistait que dans cet espoir), on croyait que les Anglais arrivaient enfin. Depuis deux semaines les soldats et les assiégés ressemblaient à des ombres.

Il n'a jamais, et en aucun cas, vu Hassan-Bey, qui était loin de lui.

Des officiers supérieurs inspectaient la ligne chaque soir.

Il y a eu inspection la nuit même de la chute de la

ville ; l'inspection se faisait bien régulièrement tous les soirs.

Il ne se rappelle pas les noms des personnes qui ont fait l'inspection le vingt-cinq janvier.

Hassan-Bey inspectait, jour et nuit, la section de la ligne, de Kalakla au Nil Blanc.

La nuit de la chute, Hassan-Bey a inspecté sa section.

Il se rappelle exactement la date arabe de la nuit de la chute, 9 Rabi-Aker 1302 (26 janvier 1885).

A l'assaut il faisait noir ; pas de clair de lune.

Il y avait un fil de mine, mais il n'était pas en état; lorsque les rebelles sont entrés, la mine n'a pas sauté.

Il n'y avait pas de lumière électrique à Khartoum.

L'audience est levée et la prochaine séance fixée au lendemain.

AUDIENCE DU 15 JUIN

Audition du 2me témoin, Ali-Effendi-Hassan, ancien Mélasim[1] du Bachinghi-Alaï, 4e Compagnie, sous les ordres de Hassan-Bey-Benhassaoui.

Le témoin, ayant pris place, décline, sur l'invitation du Président, ses noms, prénoms et son grade, mais d'une voix tellement faible et indistincte que la Cour est obligée de le prier de s'approcher et de parler plus haut.

Ali-Effendi répond qu'il ne le peut, étant malade.

S. E. Moukhtar-Pacha, Prosécutor, fait remarquer qu'aux termes du Chériah[2] on ne peut témoigner qu'en bon état de santé.

La Cour demande au témoin quelle est sa maladie. Il répond : Je souffre de la poitrine.

D. Depuis quand ?

R. Depuis douze ans.

La Cour fait remarquer à Moukhtar-Pacha que, ce témoin ne paraissant pas devoir être guéri prochainement, il serait bon de l'entendre tout de suite ou d'y renoncer. Elle ne s'oppose pas à son renvoi et l'incident est clos.

1. Mélasim, Lieutenant.
2. Chériah, la Loi sacrée des Musulmans.

Audition du 3e témoin, Mikhaïl-Bey-Daoud, notable négociant de Khartoum, ancien Kaïmakan[1].

Réponses du témoin à l'examen du Prosécutor.

J'étais à Khartoum le jour de la chute, mais pas sur la ligne de fortification.

Je dormais dans la maison de l'Agent Consulaire d'Amérique. A neuf heures à l'arabe de cette nuit (25-26 janvier 1885), j'entendis les cris des rebelles.

Monté sur la terrasse, je les vis entrer en ville et chercher le palais Gordon? — Ils s'y rendirent directement.

Je descendis et, ayant fermé les portes de la maison, j'y restai enfermé jusqu'au lever du soleil.

A ce moment, deux Mahdistes entrèrent en nous disant : « C'est fini; nous avons tué Gordon et nous allons vous tuer à votre tour. » Nous leur avons demandé « l'aman », qui nous a été accordé; ces deux individus restèrent auprès de nous.

Peu après, survinrent huit autres rebelles, qui tuèrent l'Agent Consulaire d'Amérique, son frère et ses neveux, pendant que, moi, je restais caché durant quatre heures sous des citronniers.

Surpris par des Mahdistes, qui cherchaient un certain Osman-Hamdouk pour le tuer, je fus fait prisonnier et conduit avec cet Hamdouk dans la maison, pour y être dépouillé et mis à mort; mais alors arriva l'ordre du Mahdi de cesser le massacre.

Enfermé chez moi pendant cinq jours, j'ai été maltraité, puis conduit hors de Khartoum.

1. Kaïmakan, Lieutenant-Colonel.

Voilà ce qui m'est advenu et ce que j'ai vu de mes propres yeux.

Je n'ai pas vu Hassan-Bey-Benhassaoui la nuit de la chute.

Je n'avais pour provisions que deux rotolis de blé.

Avant la prise de Khartoum, je n'ai rien entendu dire par Gordon au sujet de Hassan-Bey.

Je n'ai jamais entendu dire que Gordon fût fâché contre des officiers ou des soldats.

Après la chute et après ma sortie de Khartoum, le bruit a couru que les rebelles avaient pénétré dans la ville par le Nil Blanc, du côté où commandait Hassan-Bey-Benhassaoui.

Le fort Makran étant loin de la terrasse de la maison où j'étais, je n'ai pu voir tirer; je ne pouvais de là ni voir ni entendre. (Distance du fort à la maison, environ 3 milles et demi anglais.)

Du fort Bouri on a beaucoup tiré; mais de l'ouest je n'ai entendu que deux coups de canon; les bruits se confondaient.

Réponses au contre-examen de la défense.

Je suis resté caché pendant quatre heures sous des citronniers.

Je ne pouvais pas distinguer si les coups de feu partaient de la ligne de fortification ou de l'ennemi.

Il n'y avait plus rien à manger dans la ville; on chassait les chiens, les ânes, et on les dévorait, — cinq jours avant la chute.

Je passais la nuit sur la ligne, par l'ordre de Gordon.

Les soldats mangeaient de la gomme que Gordon

achetait à des négociants et leur faisait distribuer; ensuite on mangea des dattiers.

Pendant environ sept jours, les officiers et les soldats n'ont mangé que de la gomme.

Je ne savais pas comment la ligne de fortification était partagée; mais je la savais bien organisée.

La gomme donnait aux soldats la dysenterie.

Je connaissais Hassan-Bey depuis le commencement du siège. Je le considère comme un homme de bonne conduite.

Réponses aux questions du Prosécutor,
après le contre-examen de la défense.

La gomme donnait la dysenterie.

Les soldats ont mangé de la gomme avant de manger des dattiers.

Ils en ont mangé deux ou trois jours avant la chute, en même temps qu'ils mangeaient les vaches des sakiehs[1].

La nuit de la chute, il n'a pas vu Hassan-Bey-Benhassaoui.

Réponses aux questions de la Cour.

Quinze jours après la chute de la ville, le témoin a vu Hassan-Bey-Benhassaoui prisonnier.

Il l'a vu, comme tout le monde l'a vu, cherchant sa nourriture, ainsi que les autres prisonniers. Il a même demandé à Hassan-Bey des nouvelles de sa famille; Hassan-Bey lui répondit que le Mahdi lui avait pris sa fille, ses biens et tout ce qu'il possédait.

Il n'a pas entendu dire que le jour de la chute

1. Sakiehs, puits à norias.

quelque officier se soit sauvé en franchissant le fossé de la ligne de défense.

Le jour même de la chute, on n'avait aucun indice de l'assaut qui allait avoir lieu.

Le Mahdi avait réuni dans une maison toutes les jeunes filles ; il choisissait les plus belles pour lui-même ; les autres étaient données à ses officiers. Ce triage dura une vingtaine de jours, chacun le sait.

Il y avait trois portes sur la ligne : Bouri, Kalakla et Messalamieh.

La porte de Kalakla était en planches. Farragh-Pacha était Commandant en chef.

Les Commandants sous ses ordres étaient Behkit-Bey-Petracchi, Hassan-Bey et deux autres dont le témoin ne se rappelle pas les noms.

Les retranchements de Khartoum avaient été élevés par Abd-el-Kader-Pacha.

Gordon les a modifiés et a fait construire un mur. Il a aussi élargi les retranchements d'un demi-mètre.

Abd-el-Kader-Pacha faisait sauter dans les retranchements, pour voir si on pouvait les franchir. Certains y ayant réussi, on les fit élargir.

L'endroit non retranché était fangeux.

L'ennemi qui a pénétré dans Khartoum était à Gheziret-Tennar, entre les deux rivières.

Au dire des rebelles, les assaillants étaient 50,000.

Le bruit public évaluait leur nombre à 30,000 ou 40,000.

Le jour de la chute, les forces de la défense dans Khartoum étaient composées de plus de 7,000 hommes; avec les hommes de Noshi, l'armée devait atteindre 8,000 hommes.

En entrant dans la ville, l'ennemi s'était emparé de la poudrière et des armes.

Réponses à de nouvelles questions de la défense posées par l'intermédiaire de la Cour.

Le témoin ne se rappelle pas le nom des deux autres Commandants sur la ligne de défense; mais il sait qu'ils étaient Miralaï, comme Hassan-Bey et Behkit-Bey; ils avaient les mêmes fonctions et la même autorité.

Il ne sait pas quelles étaient les positions commandées par ces deux Miralaïs.

Il ne connaît pas la situation de la section commandée par Hassan-Bey.

Hassan-Bey était logé à l'Est de la porte de Kalakla.

La porte de Kalakla se trouvait environ au cinquième de la longueur de la ligne du côté Ouest.

Audition du 4e témoin à charge, El-Sayed-Effendi-Amin, Bimbachi du Bachinghi-Alaï, 4e Compagnie.

Réponses à l'examen du Prosécutor.

J'étais à Khartoum le jour de la chute.

J'étais blessé, malade, dans mon logis situé à cent mètres en arrière de la ligne.

J'étais alité depuis vingt-quatre jours.

Avant que je ne fusse blessé, la 4e Compagnie était sous mon commandement.

Pendant ma maladie, je dirigeais encore cette compagnie administrativement.

Un Bimbachi, Farragh-Effendi-Ali, fut désigné par le Miralaï Hassan-Benhassaoui pour commander les actions militaires de la Compagnie.

Ma position était à droite de la porte de Kalakla et sur la gauche du Bachinghi-Alaï.

Sur l'aile droite, à l'Ouest de la Compagnie, se trouvait l'Ourdi[1] de Schaggiehs, de Mohamed-Bey, composé de 120 hommes.

Ma Compagnie était de 420 hommes.

Mon Commandant supérieur était Hassan-Bey-Benhassaoui.

Le Kism (section), que commandait Hassan-Bey, était défendu par trois Compagnies de plus de 400 hommes chacune; c'étaient les 1re, 2e et 4e Compagnies; mais l'une de ces Compagnies avait été envoyée à Omdurman.

Il y avait aussi douze Ourdis.

Je connais le fort Makran; il n'était pas sous le commandement de Hassan-Bey.

Je connais les limites de la section où commandait Hassan-Bey-Benhassaoui. Elle s'étendait du Nil Blanc à Bab-el-Kalakla; la 1re Compagnie était échelonnée sur la berge du Nil Blanc. A gauche, des Ourdis de Bachibouzouks jusqu'au commencement de la 4e Compagnie; cette Compagnie s'étendait jusqu'à Bab-el-Kalakla; et à partir de là, à gauche encore, était l'Ourdi d'un Sandjak nommé Mohamed-Ahmed.

De la porte de Kalakla au fort Makran il y avait environ 7,000 mètres.

Une heure à cheval ou au pas accéléré.

Sur la ligne, il n'y avait qu'une seule rangée de soldats, à distance de quatre à cinq pas l'un de l'autre.

Le retranchement (El Dirwa) s'étendait sur tout le front de la ligne de défense tant que le Nil était bas; mais quand le Nil montait, il détruisait l'ouvrage.

1. Ourdi, horde, bande d'individus armés.

Incident.

En ce moment, le Prosécutor ayant demandé au témoin de faire un croquis de la ligne, afin d'expliquer la position qu'il y occupait, la défense s'y oppose, à moins que ce croquis, fait par une main inexpérimentée, ne serve de simple renseignement à l'appui de la déposition et ne soit pas annexé au dossier.

Le croquis est fait à titre de simple renseignement, et l'incident est clos.

Le témoin reprend sa déposition :

Au moment de la chute de la place, le Nil avait baissé et on réparait l'ouvrage.

Les retranchements avaient été détruits sur une longueur de 3,000 mètres; le jour de la chute, 2,000 mètres restaient endommagés.

Je ne connais pas le nombre des soldats qui se trouvaient sur la ligne, pendant l'assaut, car j'étais malade depuis vingt-quatre jours.

En janvier 1885, on ne donnait plus de maïs aux soldats.

Je ne sais pas si on a donné du riz aux soldats, dix-huit jours avant la chute.

Du côté du Nil, il y avait une mine; mais elle était hors de service; elle avait été détériorée par la crue des eaux.

C'étaient des fosses à bombes.

Un fil de fer entourait les retranchements.

Les rebelles sont entrés dans la ville avant l'aube, vers neuf heures, à l'arabe.

Trois ou quatre minutes avant l'assaut, je n'ai pas entendu tirer de coups de canon.

A l'entrée de l'ennemi, je dormais; j'étais malade, et je ne sais pas comment cette entrée s'est effectuée.

Hassan-Bey n'avait pas donné d'ordres pour se réunir sur un seul point, en cas de défaite. Nous ne croyions pas succomber.

Les habitants, tantôt en petit nombre, et d'autres fois très nombreux, venaient, à leur aise, aider les travailleurs sur la ligne de défense.

Je ne connais pas le nommé Omer-Agha-Ibrahim; il n'était pas dans ma section.

Le Commandant en chef était Farragh-Pacha.

J'inspectais, comme tous les officiers; des patrouilles circulaient la nuit; les Miralaïs inspectaient leurs sections, les officiers leurs subdivisions.

Hassan-Bey inspectait quotidiennement sa section. Je l'ai vu le jour même de la chute, car, une heure après le coucher du soleil, il est venu, en compagnie de Farragh-Pacha et d'autres personnes, me rendre visite.

Je sais que, vers le 1er janvier, les soldats n'avaient plus de viande.

Dès le 1er janvier, on mangeait des cœurs de dattiers.

En janvier, on a mangé de la gomme d'abord, puis des cœurs de dattiers.

Je ne connais pas l'existence de conseils spéciaux qui se seraient réunis pour la défense de Khartoum.

Les personnes accusées de trahison étaient le Moudir et des négociants qui furent arrêtés.

J'ai été fait prisonnier, et j'ai vu Hassan-Bey prisonnier.

Je n'ai pas vu les enfants d'Accad prisonniers.

Parmi les prisonniers, aucun n'était privilégié ; tous étaient également maltraités.

La plupart des massacrés, parmi les soldats, étaient Arabes.

Dans ma compagnie, il n'y avait pas de Soudanais.

Les Ourdis de Schaggiehs n'ont pas perdu beaucoup de monde ; ils avaient déserté avant la chute de Khartoum.

Quand on surprenait des déserteurs, ils étaient fusillés.

Pendant la durée de la guerre (avant et pendant le siège), on en a fusillé quatre ou cinq.

Réponses du témoin au contre-examen de la défense.

Osman-Bey-Hichmet avait été chargé des Schaggiehs et de la 1re Compagnie, vers le Nil Blanc ; — à l'Est, Hassan-Bey commandait depuis la limite du commandement d'Osman-Bey jusqu'à Kalakla. Il y avait aussi de ce côté Mohamed-Bey-Ibrahim.

La nomination d'Osman-Bey et la formation de sa section émanaient d'ordres écrits par Gordon.

Je ne connais pas le Bringhi-Alaï.

Quoiqu'il fût à la tête d'une section, Osman-Bey n'en était pas moins sous les ordres de Hassan-Bey.

Tout le monde m'a dit que la fille de Hassan-Bey avait été prise par Mohamed-Ahmed, le Mahdi, et que ses deux femmes avaient été mariées à des Mahdistes.

Les Compagnies étaient complètes au début ; mais, au moment de la chute de la ville, on avait perdu beaucoup de monde. On avait créé des détachements.

Noshi-Pacha avait pris deux Boulouks[1] de la 1re et de la 4e Compagnie.

80 soldats avaient été empruntés à ces deux Compagnies, pour le Gouvernorat, sous les ordres d'un Officier.

80 autres soldats avaient été pris encore dans ces deux Compagnies, pour le service des barques.

Hassan-Effendi-El-Sagh avait pris des hommes, un Boulouk, mais ils avaient été remplacés par d'autres de la 2e Compagnie.

Je ne peux pas dire combien il y avait encore de soldats, le jour de la chute, sur la partie de la ligne de défense dont Hassan-Bey était chargé.

Dix pour cent des soldats se portaient bien; les autres étaient malades.

Je ne sais pas ce qui s'est passé sur la ligne, le jour de l'assaut.

La porte de Kalakla était condamnée; le fossé était béant; le pont avait été enlevé. Il n'y avait que la porte Messalamieh qui fût restée ouverte, mais sans pont.

Je ne sais pas s'il y avait une porte à Bouri.

De la porte de Kalakla à la porte Messalamieh, il y avait 1,500 mètres.

La partie Est était commandée par Behkit-Bey-Petracchi, du Bringhi-Alaï.

La porte Messalamieh était sous le commandement de Behkit-Bey.

La séance est levée et l'audience prochaine fixée au lendemain 16 juin.

1. Sections ou pelotons.

AUDIENCE DU 16 JUIN

Audition du 5e témoin à charge, Husseïn-Aggour-Youssef, Chawich de la 4e Compagnie, 2e Boulouk, Bachinghi-Alaï.

Réponses du témoin au Prosécutor.

Mon Bach-chawich se nommait Ahmet; il est mort là-bas.

J'étais Chawich de la 4e Compagnie du Bachinghi-Alaï.

Mon Bimbachi était d'abord Sayed-Effendi-Amin, puis Farragh-Ali, mort là-bas.

Mon Yuz-Bachi, Enan-Effendi-Abou-El-Nour, est aussi mort là-bas.

J'étais quatrième Chawich[1].

J'avais pour Mélasim Moharrem-Effendi, mort.

Mon Boulouk était sur la ligne de défense, le jour de l'entrée des Mahdistes.

Je ne me rappelle pas la date de cet événement.

Mon Boulouk était à l'est de Kalakla.

Il se composait de quatre-vingt-cinq hommes. Nos auxiliaires (habitants) venaient de la ville.

Nous étions sur une seule rangée.

Il y avait un mètre et demi d'espace entre chaque soldat.

A chaque magghal (épaulement sur lequel se pose le fusil) il y avait un homme.

1. Chawich ou Chaouich, garde de police ou gendarme.

J'étais sur la ligne quand l'ennemi est entré. Nous faisions feu, les Mahdistes également; il faisait obscur. Le Bey était avec nous et nous encourageait. Le Bey, c'est Hassan-Bey-Benhassaoui. Les rebelles nous ont assaillis de toutes parts et se sont confondus avec nous dans une mêlée générale. On nous frappait avec des sabres et des lances. Faits prisonniers, on nous a réunis à Ezbet-El-Kalakla; le Bey était avec nous. On nous a amenés chez un Émir nommé Hag-Khaled d'El-Gaâleh, puis dépouillés de nos vêtements et de notre argent. Nous sommes restés prisonniers avec le Bey.

Le troisième jour après la chute de Khartoum, Farragh-Pacha a été tué par ordre du Mahdi. J'ai entendu dire que le Mahdi l'avait fait mettre à mort parce qu'il avait trahi l'armée turque, — je veux dire notre armée.

Je n'ai pas pu voir qui a franchi le premier la ligne pour se sauver; on ne se voyait pas; chacun s'occupait de soi. Il faisait noir et la fusillade était violente.

Une demi-heure avant l'assaut, les obus ne discontinuaient pas de tomber comme d'habitude, — c'est-à-dire qu'on ne cessait pas de tirer de part et d'autre.

Je n'ai pas été pris avec Hassan-Bey, mais tous les prisonniers ont été réunis sur un seul point.

Les Mahdistes n'ont pas mieux traité l'un de nous que les autres; nous étions tous détestés et honnis. Mais nous, les pauvres, nous étions réduits à mendier, tandis que je n'ai pas vu Fauzi ni Hassan-Bey mendier. On n'a rien pris aux fils d'El-Accad et ils n'ont pas été faits prisonniers.

Nous avons appris, par les bruits qui couraient, qu'il y aurait eu trahison de la part de Farragh-Pacha et de Hassan-Bey-Benhassaoui; mais nous n'avons rien vu.

Hassan-Bey, pendant l'action, était à nos côtés; il faisait feu avec nous et nous encourageait au combat.

Il veillait jour et nuit, et au soleil, il restait nu-tête. Hassan-Bey ne pouvait pas rester dans son logement, car il était toujours battu par les bombes; il était constamment sur la ligne de défense.

La nuit de l'assaut, Hassan-Bey ne coucha pas chez lui; il vint de notre côté, vers le 3e Boulouk, et nous exhorta à la vigilance. Les orbans (rebelles) venaient de l'Ouest; nous y courûmes aussi pour atteindre un fortin; mais nous n'eûmes pas le temps d'y arriver et nous retournâmes à l'Est pour nous réfugier sur un autre point. Cela ne nous réussit pas davantage.

Oui, le soir de la chute, Hassan-Bey a fait l'inspection; je l'ai vu venir avec quatre baltaghis (sapeurs) qui lui servaient de courriers pour transmettre les ordres aux Bachibouzouks, officiers, etc.

Je n'ai vu que quatre survivants de mon Boulouk; ils étaient prisonniers avec moi. Tous les autres ont été tués, les uns par la famine, les autres par le feu.

J'avais sur moi sept douzaines de cartouches.

Deux mois avant la chute nous mangions des buffles enlevés aux travaux des jardins; mais ensuite nous avons dévoré du cuir et de la gomme.

La gomme constipait les uns et donnait la dysenterie aux autres; à la fin, on la faisait cuire.

Moi, j'avais la dysenterie.

Farragh-Pacha avait été tué à Omdurman; nous, nous étions retenus dans les bandes d'Abd-el-Rahman-El-Negoumi, près de Kalakla; nous n'avons pu voir comment il a été mis à mort.

J'ai entendu parler de la trahison de Farragh-Pacha

par plusieurs Bachibouzouks et par des gens que je ne vois pas ici; ils m'ont dit que Khartoum a été pris parce que Farragh-Pacha a trahi.

Je ne sais pas sur quel point précis Farragh-Pacha a été tué.

Du riz nous a été distribué trois fois : une première fois une oke[1], puis une autre oke, puis une demi-oke; — jamais trois okes à la fois.

Un mois et demi ou deux mois avant la chute de la ville, les soldats ont trouvé de la fatarita (graines de maïs) en petite quantité (cinq okes); elle a été distribuée.

J'ai entendu dire que les fils d'El-Accad n'avaient pas été maltraités.

Réponses du témoin au contre-examen de la défense.

Le jour de la chute, les soldats étaient tous plus ou moins affaiblis.

Aucun n'avait l'aspect d'un homme dans les conditions ordinaires de la vie.

Ils devaient se battre et se sont battus autant qu'ils ont pu.

On sortait tous les jours hors de la ligne et les bateaux allaient en expédition pour combattre l'ennemi.

Quelques-uns des soldats étaient gonflés par l'absorption de la gomme. Dans mon Boulouk, malades et bien portants étaient à leurs postes.

Réponses à de nouvelles demandes du Prosécutor.

Personne ne nous a avertis que l'ennemi venait d'un

1. 1,250 grammes, à peu près.

côté ou de l'autre; mais on nous recommandait constamment la vigilance la plus active.

Je n'étais pas Chawich-noubatchi (de garde).

Réponses du témoin aux questions de la Cour.

Je ne peux pas préciser par où l'ennemi est entré dans Khartoum; il arrivait de tous côtés, mais principalement du côté du Nil Blanc.

La ligne de défense n'arrivait pas jusqu'à l'eau du Nil Blanc; il y avait un vide (interruption dans le retranchement) d'environ deux à trois cents mètres, qu'on ne pouvait réparer; les rebelles tiraient sur les ouvriers.

Mon Bach-chawich est mort de faim, après la chute de la place.

Farragh-Effendi-Ali est mort sur la ligne. Je n'ai pas vu comment, mais d'autres l'ont vu, — des Aghas.

Youssef-Effendi-Effat, de la 1re Compagnie, El-Sissi et d'autres sont morts en combattant.

Les soldats, pour se sauver, ont franchi le fossé; ils se faisaient mutuellement la courte échelle pour remonter du côté opposé; le dernier était hissé à l'aide d'un vêtement.

Sur la ligne, nous étions à un mètre et demi les uns des autres; quand arrivaient les auxiliaires (habitants) de la ville, nous nous resserrions.

Les habitants étaient sur la ligne ce soir-là, comme d'habitude; mais pas en grand nombre.

Quand arrivaient les auxiliaires dans mon Boulouk, il n'y avait qu'un demi-mètre de distance entre chaque homme.

Hassan-Bey n'a pas donné l'ordre de sauter le fossé;

chacun le franchissait comme il pouvait et ne s'occupait que de soi-même. Je ne l'ai pas vu, lui, Hassan-Bey, sauter le fossé.

Il y avait beaucoup de monde devant et derrière la ligne; ceux qui sautaient le fossé échappaient momentanément au massacre.

En sautant le fossé, je ne savais pas si je serais sauvé; je sautais pour échapper au massacre, voilà tout.

Quand on nous prenait, on nous désarmait, on nous invectivait; nous étions traités de Kafers (impies), et on nous torturait. On nous reprochait aussi de ne pas nous être livrés.

Quand je faisais feu, je n'ai entendu aucun officier dire : « Cessez le feu »; au contraire, les officiers faisaient feu eux-mêmes et encourageaient les soldats à faire comme eux.

Hassan-Bey a été dépouillé; les Mahdistes l'ont laissé avec une chemise et un caleçon.

J'ai entendu dire par les Mahdistes et par des prisonniers que Farragh-Pacha avait été tué pour avoir trahi.

La semaine de la chute, on a mangé de la gomme et des cœurs de dattiers.

Le jour de la chute, il y avait dans les magasins du Boulouk de la gomme pour un jour ou deux.

Dans la chouna [1], il n'y avait rien.

Ceux qui nous poursuivaient du côté Est n'étaient pas entrés par le même endroit que ceux que nous rencontrions du côté Ouest.

Des prisonniers ont été faits sur la ligne et hors de la ligne.

1. Magasin, entrepôt, dépôt.

Je n'ai pas vu Hassan-Bey sauter le fossé.

Je l'ai vu amener à Ezbet-Kalakla, mais je ne sais pas s'il a été pris hors ou dans la ligne.

Je n'ai pas vu les assaillants entrer par la porte de Kalakla; ils nous ont assaillis tout à coup.

J'étais vêtu comme les derviches; mais je n'ai pas changé de religion.

J'ai mis le bonnet comme eux (sinon ils m'auraient tué), le 2e jour après avoir été désarmé et dépouillé.

Au moment de la prise d'une personne, on n'exigeait pas qu'elle se coiffât du bonnet.

Quand j'ai sauté, j'étais muni de mon fusil et de mes cartouches.

Il y avait un fort nommé Makran.

La distance entre ce fort et la ligne de défense confiée au 5e Régiment était de 700 à 800 mètres.

Le fort Makran était occupé par des Schaggiehs et protégé par une ligne de défense; dans le fort il y avait aussi des soldats.

Quinze jours avant la chute, il y avait au fort de Makran Ibrahim-Effendi-El-Soudani.

Le Makran était rattaché à notre Alaï (Bachinghi-Alaï).

J'ai vu des prisonniers de toutes sortes : de ceux qui avaient été faits sur la ligne et de ceux qui l'avaient été dans la ville.

L'ennemi est entré dans Khartoum avant l'aube, vers neuf heures, à l'arabe; la bataille a duré jusqu'au lever du soleil.

Après avoir été fait prisonnier, j'ai entendu dire que le Mahdi avait donné ordre de ne plus massacrer.

J'ai sauté le fossé parce que je l'ai vu faire à d'autres, — simple effet de désespoir, — je ne savais où me sauver.

Ceux que j'ai vus sauter n'étaient pas de mon Boulouk; tout le monde était confondu.

Quand on était dans le fossé, on ne pouvait en sortir seul.

La profondeur du fossé était égale à la hauteur de deux hommes, montés l'un sur les épaules de l'autre.

On ne distinguait rien.

Chaque soir, on tirait de toutes parts. Les soldats en sentinelles tiraient trois ou quatre douzaines de cartouches.

Je n'avais pas vu d'autres combats avant celui-là.

Le jour de la prise de Khartoum, nous ne connaissions pas la chute des autres places telles que Berber, Kordofan, etc.

En sortant du fossé, je voulais me cacher dans l'herbe; mais les Mahdistes m'ont pris au bord même du fossé.

Ezbet-El-Kalakla était loin du fossé; je ne peux pas déterminer la distance.

Je ne me rappelle pas avoir vu quelqu'un tomber mort à la suite d'un coup de fusil tiré par moi.

Je ne me suis pas servi de mon sabre ni d'aucune autre arme blanche.

J'ai sauté dans le fossé, à l'aube.

L'audition du 5e témoin étant terminée, la Cour rappelle le 4e témoin, El-Sayed-Effendi-Amin qui était absent, le matin, à neuf heures, au moment de l'ouverture de l'audience.

Réponses d'El-Sayed-Effendi-Amin aux questions de la Cour.

Nous ne croyions pas à la défaite; nous étions victorieux dans toutes les sorties.

Je n'ai pas vu par où est entré l'ennemi ; mais j'ai entendu dire que c'est par le Nil Blanc d'abord et sur d'autres points ensuite.

La distance de la porte Messalamieh à la porte Kalakla est, à ce que je pense, de 1,500 mètres environ.

Youssef-Effendi-Effat, de la 1re Compagnie, était sur le Nil Blanc.

Ibrahim-Effendi-El-Cheikh commandait le fort Makran, avec des Schaggiehs, des noirs et des Turcs Bachi-bouzouks qui étaient enrégimentés.

Le fort Makran n'avait qu'un seul canon ; mais quand il était assailli, on en envoyait deux autres.

Il y a au Caire un officier survivant de la 1re Compagnie nommé Sid-Ahmed-Effendi-Salem.

Du fort Makran à la ligne de défense il y a une distance de 2,500 à 3,000 mètres qui n'était gardée que par de simples sentinelles.

Un coup de fusil tiré de Makran ne pouvait pas atteindre l'endroit par où sont entrés les rebelles.

La 1re Compagnie était composée de quatre Boulouks de 105 hommes chacun.

La 4e Compagnie était composée de même.

Les patrouilles étaient prélevées sur les deux Compagnies.

Les barques étaient rattachées au commandement du Bachinghi-Alaï. Les points occupés par les sentinelles dépendaient du fort Makran. Le fort Makran et les sentinelles, par conséquent, dépendaient de Hassan-Bey ; mais l'officier qui commandait Makran n'avait à soumettre à Hassan-Bey qu'un rapport journalier ; il communiquait directement avec le Gouverneur et recevait ses ordres.

Il y avait un fil de communication direct à Makran pour le Gouverneur.

Une patrouille spéciale, prise dans le Bachinghi-Alaï, inspectait les points occupés par les sentinelles et Makran.

La hauteur du fossé et celle du retranchement étaient l'une et l'autre de trois mètres.

La largeur du fossé était de quatre mètres, et ce jusqu'à l'extrémité Ouest.

Ces dimensions n'étaient pas partout identiques; elles n'existaient plus près du Nil Blanc.

Là, du fossé, on pouvait sortir seul; car les eaux l'avaient dégradé.

Il pleuvait en janvier 1885.

En face de Bab-el-Kalakla, on ne pouvait sortir seul aux emplacements où il y avait des fissures ou des éboulis produits par les eaux des pluies.

Sur les 7,000 mètres de la ligne, 1,000 mètres seulement de fossé près du fort Kalakla étaient en bon état. Quand le Nil montait et remplissait le fossé, on l'arrêtait, au commencement de ces 1,000 mètres, par une tranchée.

Du côté du Nil Blanc, sur un millier de mètres, il y avait de la boue et peu d'eau, — deux mètres de profondeur environ, — en largeur deux, trois, quatre et jusques à dix mètres.

Le terrain était noir, mais à un mètre de profondeur on rencontrait le sable.

D. En supposant que Khartoum ne fût pas tombé, combien de jours les soldats auraient-ils encore pu résister?

R. On s'attendait à voir arriver les Anglais le lendemain de la chute, et c'est pour cela qu'on avait résisté jusqu'à ce jour. Sans cet espoir, sans nourriture, il n'y avait qu'à céder et à rendre la ville.

Le jour de la chute, quelques soldats avaient encore de la gomme : ceux qui n'en voulaient ou n'en pouvaient pas manger en avaient laissé.

Ceux qui ne mangeaient pas de gomme mangeaient des cœurs de dattiers.

L'audience est levée et la prochaine séance fixée au samedi 18 juin.

AUDIENCE DU 18 JUIN

Incident.

Avant de continuer l'audition des témoins, le Président fait remarquer au Prosécutor qu'il a déjà présenté quatre témoins à charge, et qu'aucun d'entre eux n'a déposé sur un seul des chefs de l'accusation; il lui demande s'il n'en a pas à produire qui abordent le fond du procès.

S. E. Moukhtar-Pacha répond qu' « il a lu sur le papier » ce que chaque témoin devait déclarer; mais il ne peut savoir ce qu'ils déclareront après avoir prêté serment[1]. Que si même il les avait interrogés préalablement, et qu'ensuite il leur eût fait prêter serment, ils auraient toujours pu modifier leurs déclarations. D'ailleurs, il ne présente que des témoins présents sur la ligne de défense, à Khartoum, et par conséquent à même de connaître les péripéties de la chute et des combats.

Le Président demande à S. E. Moukhtar-Pacha s'il a

1. Tous les témoins cités (195) étaient des survivants de la chute de Khartoum; à leur retour au Caire, ils avaient dressé et remis à leurs chefs respectifs un rapport sur les faits survenus à Khartoum, à leur connaissance; le Ministère de la Guerre avait fondé sur ces rapports les trois chefs d'accusation contre Hassan-Bey-Benhassaoui. Le Prosécutor entend dire par « avoir lu sur le papier » les déclarations des témoins, qu'il a pris connaissance de ces rapports et qu'il était en droit de penser que les témoins ne modifieraient pas leurs récits après avoir prêté serment.

du moins fait les recherches nécessaires pour s'assurer que les déclarations écrites se rapportent aux faits imputés à Hassan-Bey; car la Cour n'est pas réunie pour entendre le récit des faits relatifs à la chute de Khartoum.

Le Prosécutor réplique : « J'ai exposé à la Cour que je me borne à lui présenter des témoins oculaires, présents à Khartoum au moment de la prise de la ville. Je fais ainsi mon devoir ; en tout cas, je suis aux ordres de la Cour et j'exécuterai ses décisions. »

La défense suggère que le Prosécutor pourrait, parmi les 195 rapporteurs dont il a la liste, faire choix de huit ou dix individus sur lesquels il pourrait compter pour établir l'accusation; à son tour, la défense présenterait ses témoins, et la Cour saurait bien vite à quoi s'en tenir. Les débats seraient circonscrits et abrégés.

En ce moment pénètre dans la salle d'audience M. Jourdan Pietri, Conseiller Khédivial, invité par le Ministère des Finances de suivre le procès. Après avoir causé quelques instants avec le Président, le Prosécutor, l'Avocat-Juge et la défense, M. Jourdan Pietri se retire[1].

Reprise de l'audition du 4e témoin,
El-Sayed-Effendi-Amin.

Réponses aux questions du Prosécutor.

Avant la chute de Khartoum et après ma blessure,

1. M. Jourdan Pietri déclina le mandat d'assister le Prosécutor, en expliquant au Ministère des Finances que cette charge

beaucoup de soldats de ma Compagnie sont morts. Je ne puis me rappeler leur nombre.

Les 420 hommes de ma Compagnie, sous déduction des hommes prélevés pour divers travaux, occupaient 600 mètres à peu près sur la ligne de défense.

Les habitants venaient sur la ligne, comme auxiliaires.

D. La fille de Hassan-Bey-El-Benhassaoui a-t-elle été épousée par le Mahdi ou prise de force (violée)?

R. Prise de force, comme les autres filles qui étaient en grand nombre (une centaine); le Mahdi n'avait le droit d'épouser que quatre femmes. Si j'ai dit « mariée au Mahdi », c'est une erreur de mot; j'entendais bien dire prise de force et violée.

Les femmes de Hassan-Bey ont également été prises de vive force et données à des Émirs.

Quand on faisait feu sur l'ennemi, Hassan-Bey dirigeait le combat dans toute la section dont il avait le commandement; il surveillait, de plus, la subdivision commandée par Osman-Hichmet.

Il y avait 7,000 mètres de la porte Kalakla au Makran, — et non pas jusqu'au Nil Blanc.

Du Nil Blanc au Makran il y a 3,000 mètres; il reste donc 4,000 mètres, dont 1,200 étaient occupés par les deux Compagnies du Bachinghi-Alaï, et le reste (2,800 mètres) par les Ourdis de Bachibouzouks.

Les hommes de la première Compagnie montaient leur garde sur le Nil jusqu'au bord de l'eau.

incombait aux Membres du Parquet plutôt qu'aux Avocats du Gouvernement.

L'endroit où le retranchement était endommagé avait 600 mètres environ, mais l'affaissement s'étendait toujours. Cet endroit était occupé par la 1re Compagnie ; puis venaient les Ourdis, et enfin la 4e Compagnie.

Les Bachibouzouks se trouvaient donc entre la 1re et la 4e Compagnie.

Je ne peux pas préciser le nombre d'hommes des Ourdis; on le modifiait selon la crue ou la baisse du Nil, qui augmentait ou diminuait la longueur de la ligne à défendre.

Quelquefois il y a eu jusqu'à douze Ourdis de Bachibouzouks.

Le Nil a eu des mouvements de hausse et de baisse pendant le siège.

Quand Khartoum a succombé, quatre derviches sont entrés chez moi; ils pénétrèrent dans ma chambre; deux d'entre eux me frappèrent avec leur lance; le troisième me tira un coup de fusil dont la balle m'effleura et se perdit. Puis, ils me prirent, détachèrent ma jambe blessée qui, par ordre du médecin, avait été immobilisée sur mon lit, et en chemise ils me jetèrent dehors avec un autre derviche chargé de me surveiller.

Plus tard, les rebelles me firent enlever par quatre de nos soldats prisonniers et transporter hors de la ligne de défense en passant par le côté du Nil Blanc, c'est-à-dire par le côté même où ils étaient entrés.

Je ne sais pas si des rebelles sont entrés par la porte Messalamieh.

De l'extrémité du fossé de la ligne de défense, sur le Nil Blanc jusqu'au fort Makran, il y avait environ 3,000 mètres.

Du Nil Blanc à la porte Kalakla, 4,000 mètres environ.

De la porte Kalakla à la porte Messalamieh, 1,500 mètres environ.

De la porte Messalamieh au Nil Bleu, environ 3,000 mètres.

On nous faisait croire que l'armée anglaise devait arriver d'un jour à l'autre, — d'un instant à l'autre, même. Les officiers faisaient courir ces bruits pour rassurer les soldats, et Gordon en particulier faisait tout son possible pour qu'on y ajoutât foi. On parlait souvent de dépêches annonçant l'arrivée immédiate des Anglais ; d'autres fois, on prétendait avoir vu la fumée des bateaux qui les amenaient !

Il y avait des fils télégraphiques dans les forts, dans les positions principales, à l'état-major des Alaïs et sur chaque point de la ligne de défense.

Ils communiquaient les uns avec les autres et avec le Palais de Gordon.

Quand un point était serré de trop près, le Commandant en donnait avis au Palais et sur toute la ligne. Dans chaque Compagnie, il y avait des détachements destinés à se transporter comme renforts sur les points menacés.

Nous manœuvrions tous les jours et on télégraphiait, non pas comme simple épreuve, mais bien sérieusement, car nous étions attaqués à chaque instant.

Lorsqu'une attaque se produisait, le Commandant s'y rendait toujours.

Je ne sais si, le soir de la chute, Hassan-Bey s'est rendu avec une troupe de réserve sur le Nil Blanc.

Il n'y avait pas d'officiers spéciaux chargés de la défense de la partie du Nil Blanc ; les Ourdis avaient leurs officiers.

Chaque Boulouk avait des détachements de réserve

pour secourir les points menacés de trop près ou attaqués trop vivement.

Les Officiers et les soldats qui renforçaient un point quelconque étaient sous le commandement du chef de la subdivision secourue.

Il n'y avait pas de forces spéciales en réserve.

Je n'ai jamais été très vivement assailli, et je n'ai jamais eu besoin de secours; de mon côté, on était bien abrité derrière le retranchement et le fossé qui étaient en bon état.

Avant la journée de sa chute définitive, Khartoum avait subi, une fois, un très vigoureux assaut de l'ennemi.

A cet assaut, j'étais sur la ligne.

Je sais pertinemment que l'ennemi visait toujours l'aile du Nil Blanc, parce que les mouvements se faisaient en plaine et que je les voyais de mes yeux.

Cet assaut avait été donné au moment où Mohamed-Ahmed (le Mahdi) arrivait du Kordofan; il avait eu lieu de jour.

Un point ayant été particulièrement menacé, j'y ai envoyé du renfort sous les ordres d'un Officier nommé Emin-Effendi.

J'avais dit à cet Officier de recevoir les ordres du Commandant de la subdivision menacée.

Ce jour-là, Hassan-Bey s'était rendu sur le lieu du combat pour y apporter du renfort et pour y commander la défense.

Je n'étais pas là et je ne sais qui a refoulé l'ennemi ni quel officier commandait en chef; mais je sais que Farragh-Pacha était présent avec tous les Miralaïs. Ce jour-là était un jour en Moharrem, je crois le 4 (1302).

Tous les Officiers du Bachinghi-Alaï (dont plusieurs

sont ici à la porte de la salle d'audience) m'ont vu le premier jour prisonnier des rebelles. Parmi eux, je vous cite Sid-Ahmed-Effendi-Abdel-Razek, Mélasim-Awel[1] du Bachinghi-Alaï, Mohamed-Effendi-Ismaïl, Mélasim-Tani[2] Hassan-Effendi-Ali, Mélasim, etc.

Le lendemain de la chute de Khartoum, je n'a vu personne du Bringhi-Alaï; ce régiment était du côt de Bouri.

Le Bringhi-Alaï était composé de Soudanais; la plupart des Officiers étaient également Soudanais; en dehor de quelques Égyptiens (qui sont morts), je n'y connais sais personne.

A Khartoum, comme troupes régulières, il n'y avai que deux Alaïs : Bachinghi et Bringhi; les autres troupe étaient des Bachibouzouks.

Les artilleurs appartenaient à la troupe régulière.

Quand j'étais prisonnier, j'ai fait la connaissance d'u de ces artilleurs, nommé Mohamed-Effendi-Khalifa; i appartenait au Bringhi-Alaï. Je ne sais pas où se trouvai sa batterie, ni s'il a pu se réfugier en Égypte.

Je ne voyais presque personne; car j'étais malade e blessé.

J'étais, comme les autres prisonniers, abandonné su le sable du désert et exposé au soleil.

Hassan-Effendi-Zeki, médecin, qui se trouvait parmi les prisonniers, venait secrètement panser ma blessure e en changer les bandes.

Nous étions entourés de Mahdistes qui nous surveillaient.

1. Mélasim-Awel, Lieutenant en premier.
2. Mélasim-Tani, Sous-Lieutenant, Lieutenant en second.

Ibrahim-Fauzi n'a pas été blessé; il était dans le service des gardes de la ville.

Parmi les prisonniers j'ai vu : Dessouki-Effendi-Sembel, Mélasim-Awel; Radouan-Effendi-Mohamed, Mélasim-Awel; Sid-Ahmed-Effendi-Salem, Mélasim-Awel; Ahmed-Effendi-Rachouk, Mélasim-Tani.

J'ai vu prisonniers une vingtaine de soldats et de chawichs du Bringhi-Alaï.

Sid-Ahmed-Effendi-Salem est arrivé au Caire.

Réponses aux questions de la défense.

Omdurman est tombé le 5 janvier, je crois, quinze jours avant Khartoum.

La chute d'Omdurman est due au manque de provisions. Gordon avait envoyé une petite troupe avec les bateaux pour sauver et ramener les défenseurs du fort d'Omdurman; mais ceux-ci, serrés de trop près par l'ennemi, ne purent arriver jusqu'aux bateaux et retournèrent sur leurs pas. Gordon lui-même leur ordonna de capituler et de rendre Omdurman.

L'audience est levée; la prochaine séance est fixée au lundi 27 juin.

AUDIENCE DU 27 JUIN

Aziz-Bey-Khalil, substitut du Procureur Général près la Cour d'Appel du Caire, assiste S. E. Moukhtar-Pacha Prosécutor.

Dès l'ouverture de l'audience, la Cour entre en délibération. Pour éviter la perte de temps qu'entraîne l'audition de témoignages oiseux, elle décide qu'à l'avenir les trois chefs d'accusation seront lus à chaque témoin en l'invitant à déclarer, à propos de chacun des chefs, s'il sait personnellement quelque fait relatif à l'accusation.

Le Prosécutor est invité à introduire les témoins qu'il désire faire entendre.

Audition du 6e témoin à charge, Ahmed-Bey-Hassoun, négociant à Khartoum.

A la première question relative à sa présence à Khartoum, le 26 janvier 1885, le témoin répond que, quelques jours auparavant, il était sorti de la ville en barque pour le service de la poste et pour se rendre au-devant du corps expéditionnaire anglais ; il a été pris par les rebelles et amené à Omdurman.

Sur l'invitation du Président, un membre de la Cour lit au témoin les trois chefs d'accusation et lui demande s'il sait quelque chose sur l'un ou l'autre de ces trois chefs[1].

La Cour constate que le témoin ne peut déposer sur aucun des chefs d'accusation et décide qu'il n'y a pas lieu à l'entendre.

Audition du 7e témoin à charge, Ahmed-Fathy, Pharmacien au Bringhi-Alaï.

Le témoin était dans son local (pharmacie), près du Nil Blanc et non loin de la ligne de défense au moment de l'entrée des Mahdistes dans Khartoum.

Sur l'invitation du Président, un membre de la Cour lui donne lecture des trois chefs d'accusation et l'interroge.

Le témoin déclare qu'il n'a rien à déposer sur aucun de ces trois chefs et qu'il ne sait rien de semblable sur le compte de Hassan-Bey-Benhassaoui.

Il ajoute qu'au moment de l'entrée des Mahdistes par le Nil Blanc, un petit nombre de coups de fusil a été tiré; il attribue cette circonstance à la « famine des soldats ».

Audition du 8e témoin à charge, Mohamed-Agha-El-Zouma, Bimbachi de Bachibouzouks.

Ce témoin dit qu'au moment de la chute de Khartoum il était près de Toutti, sur le Nil Bleu.

1. Les trois chefs d'accusation, on se le rappelle, étaient les suivants :

1° Avoir livré une position ;

2° Avoir usé de moyens tendant à amener d'autres personnes à livrer des positions qu'il était de leur devoir de défendre ;

3° Avoir traîtreusement communiqué avec l'ennemi.

Sur l'invitation du Président, un membre de la Cour lit au témoin les trois chefs d'accusation et l'interroge.

Le témoin déclare ne savoir rien et ne pouvoir déposer sur aucun fait relatif à aucun des chefs de l'accusation.

Audition du 9e témoin à charge, Ali-Agha-Ahmed, Bimbachi.

Ce témoin était à Khartoum, sur la ligne de défense, le jour de la chute de la ville.

Sur l'invitation du Président, un membre de la Cour lui donne lecture des trois chefs d'accusation et l'interroge.

Le témoin déclare qu'il ne sait rien sur aucun des chefs de l'accusation.

Audition du 10e témoin à charge, Sid-Ahmed-Effendi-Salem, Mélasim.

Ce témoin avait vingt hommes sous ses ordres, dans une barque, sur le Nil Blanc.

Sur l'invitation du Président, un membre de la Cour lui donne lecture des trois chefs d'accusation et l'interroge.

Le témoin déclare ne rien savoir sur aucun des chefs de l'accusation.

Incident.

Après l'audition de ce 10e témoin, le Président de la Cour demande au Prosécutor s'il ne peut faire entendre des témoins qui déposent effectivement sur les chefs de l'accusation et puissent édifier la Cour.

S. E. Moukhtar-Pacha répond affirmativement et

ajoute qu'il a cru de son devoir de faire appeler devant la Cour toutes les personnes qui, à sa connaissance, étaient à Khartoum pendant le siège et particulièrement celles qui se trouvaient sur la ligne de défense le 26 janvier 1885.

Il introduit le témoin suivant.

Audition du 11e témoin à charge, Mohamed-Effendi-Ismaïl, Mélasim-Tani, 4e Compagnie, Bachinghi-Alaï.

Sur l'invitation du Président, un des membres de la Cour lit au témoin les trois chefs d'accusation et l'interroge.

Sur le premier chef, le témoin répond qu'il ne sait rien.

Sur le second chef, le témoin répond qu'il ne sait rien non plus et ajoute qu'il n'y avait pas de porte dans la partie de la ligne de défense où était placée sa Compagnie.

Sur le troisième chef, le témoin répond encore qu'il ne sait rien.

La défense demande à relever spécialement dans cette déclaration qu'il n'y avait pas de porte à Kalakla où était le siège du commandement de Hassan-Bey.

Le Président répond que ce point est sans importance; le fait est déjà établi.

Audition du 12e témoin à charge, Badaouï-Effendi-Abdul-Hamid, Mélasim-Tani, 1re Compagnie, Bachinghi-Alaï.

Sur l'invitation du Président, un des membres de la Cour lit au témoin les trois chefs d'accusation et l'interroge.

Le témoin répond qu'il ne sait rien sur aucun des trois chefs d'accusation.

Incident.

Après l'audition du 12e témoin, le Président fait évacuer la salle; il invite l'accusation et la défense à se retirer et annonce que la Cour Martiale va délibérer séance tenante sur des questions relatives à la suite des débats

Après une suspension de vingt minutes, l'audience est reprise.

Le Président invite l'un des membres de la Cour à donner lecture d'une Ordonnance motivée, aux termes de laquelle la Cour décide qu'elle entendra encore quatre témoins à présenter par l'accusation, — que si aucun de ces quatre témoins ne dépose sur aucun des trois chefs d'accusation, il ne sera pas entendu d'autre témoignage; — que si, au contraire, l'un ou l'autre de ces quatre témoins dépose sur l'un ou l'autre des trois chefs d'accusation, l'audition des témoins à charge continuera.

S. E. Moukhtar-Pacha, Prosécutor, déclare qu'il s'incline devant la décision de la Cour; mais il ajoute que, pour choisir les quatre témoins qu'elle lui permet encore de produire, il doit examiner à nouveau les 195 rapports du dossier; or, un pareil travail exige un délai de huit jours.

Borelli-Bey s'oppose à ce renvoi; il soutient qu'il est nadmissible et inutile. Il est sans exemple, en effet, qu'à moins d'un incident grave et imprévu un délai puisse se produire entre l'audition des divers témoins à charge. Sans entrer dans des explications délicates, la défense estime que la Cour comprendra les dangers de ce délai de huit jours accordé à l'accusation pour faire un choix parmi des témoins. L'accusation, avant de formuler son réquisitoire, a nécessairement examiné tous les rapports du dossier; elle interroge donc ses témoins à bon escient; elle sait même à l'avance les questions qu'elle doit poser à chacun; par conséquent, il suffit au Prosécutor de parcourir sur le siège la liste de ses témoins pour désigner immédiatement ceux qu'elle désire faire entendre.

S. E. Moukhtar-Pacha réplique en exposant à la Cour combien est grave le procès qui se déroule devant elle. La manifestation de la vérité ne doit pas être subordonnée à une question de temps.

« L'Armée Égyptienne tout entière, dit S. E. Moukhtar-Pacha, suit cette affaire; tous les Officiers sont anxieux; la morale et la justice sont en cause ici; les officiers égyptiens ne veulent pas de lâches ni de traîtres dans leurs rangs; ils attendent le résultat de ce procès. »

Borelli-Bey, sans méconnaître l'importance de ces débats, observe que la personne de l'accusé mérite des égards aussi bien que la poursuite; il est impossible d'admettre que l'accusation n'ait pas à l'avance étudié à fond le dossier de cette affaire. Le supplice infligé à un homme, à un soldat qui, depuis un mois, est sous la menace d'une condamnation capitale, est digne de considération.

S. E. Moukhtar-Pacha insiste pour obtenir le délai

qu'il a demandé; il a déjà dit à S. E. le Président de la Cour et à l'honorable Avocat-Juge que les rapports des 195 personnes revenues du Soudan au Caire lui avaient été communiqués très tard par le Ministre de la Guerre. Il n'a pas choisi les témoins qu'il a fait entendre; il a présenté ceux qu'un Ministère très intéressé dans cette question lui a indiqués; car, on ne l'ignore pas, un département ministériel attache surtout une très grande importance à ce procès. Pour sa part, S. E. Moukhtar Pacha remplit un devoir qu'il considère comme absolu en faisant entendre des personnes qui étaient à Khartoum, au moment de la chute de la place. Il respecte les décisions de la Cour; mais, dans l'intérêt de la vérité même, il insiste pour un délai indispensable. « En cas de refus, ajoute-t-il en terminant, je décline toute responsabilité. »

Le Président fait observer au Prosécutor qu'il n'a pas à tenir compte des sollicitations de tel ou tel autre Ministère; il doit n'avoir en vue que l'accomplissement de son devoir de Magistrat. Pour la Cour, au point de vue de la preuve et selon la Loi, les rapports écrits des personnes à entendre comme témoins sont sans intérêt.

S. E. Moukhtar-Pacha donne alors lecture des rapports faits par deux témoins, déclarant, avant l'audience, qu'ils avaient entendu dire que Hassan-Bey et Farragh-Pacha avaient trahi, et, devant la Cour, ne rien savoir! Au surplus, il a conscience de remplir un devoir et ne s'en écartera pas!

Borelli-Bey relève la déclaration du Prosécutor relative à l'intervention d'un Ministère *très intéressé* dans ce procès. Ce n'est un secret pour personne, dit la défense, que le fond de cette affaire est une question d'argent, une tentative d'économie violente et inique provoquée par le Ministère des Finances! Il s'agit de déclarer traîtresse une partie de l'Armée Égyptienne pour épargner des soldes de retraites! N'y a-t-il donc pas d'autres économies à faire, au Ministère des Finances ou ailleurs, sans disputer le pain aux survivants d'un effroyable désastre?

Quant aux rapports écrits, la défense fait remarquer qu'il eût été préférable de n'en pas parler. Pour ne pas être accusé de vouloir empêcher la lumière dans un procès aussi complexe, Hassan-Bey n'a pas voulu soulever d'incidents à ce sujet; mais il est de principe que nul ne peut déposer sous serment relativement à des faits pour lesquels il a déjà délivré des certificats ou écrit des rapports. On comprend, en effet, qu'en pareil cas, les déclarations verbales peuvent être, pour ainsi dire, enchaînées ou subordonnées au contenu des écrits précédents, rédigés en dehors de toute intervention de la Justice, sans la garantie du serment et, parfois, sous une inspiration préoccupée d'intérêts étrangers à la vérité.

La défense ajoute qu'il ne peut être difficile à S. E. Moukhtar-Pacha de choisir immédiatement les quatre témoins qu'il doit faire entendre. S. E. Moukhtar-Pacha n'a-t-il pas montré combien il était au courant de tous les faits relatifs à la chute de Khartoum? Enfin, l'accusation ne devrait-elle pas être prête? La Cour considérera la situation d'un accusé qui défend son honneur et sa vie contre une accusation qui demande un délai, après avoir, depuis un mois, engagé des poursuites capitales!

L'audience est suspendue. La Cour délibère sur l'incident.

A la reprise de l'audience, le Président fait connaître qu'un délai de quarante-huit heures est accordé à l'accusation pour produire quatre nouveaux témoins à charge.

L'audience est levée. La prochaine séance est fixée au mercredi 29 juin.

AUDIENCE DU 29 JUIN

S. E. le Président demande à S. E. Moukhtar-Pacha, Prosécutor, si les quatre témoins qu'il doit encore faire entendre sont présents.

Le Prosécutor répond qu'il a fait des démarches pour amener devant la Cour dix témoins, mais que deux seulement se sont présentés.

Incident.

S. E. Moukhtar-Pacha explique en outre que, sur les dix témoins appelés par lui, trois ont été recherchés hier dans tout le Caire par un Bimbachi Soudanais et un officier égyptien, sans succès. Il a appris que ces individus se trouvent au Barrage; mais il n'a pas encore pu les y faire rechercher.

S. E. le Président insiste sur la désignation formelle par S. E. Moukhtar-Pacha de quatre témoins, suivant la dernière résolution de la Cour.

S. E. Moukhtar-Pacha répond qu'il peut donner d'ores et déjà à la Cour les noms des deux témoins présents : Mikaïl-Effendi-Boctor, employé au Ministère des Finances, et Hassan-Effendi-Abdalla, ancien wékil de la Moudirieh[1] de Khartoum. Après l'audition de ces deux témoins, l'accusation avisera à produire les deux autres et donnera leurs noms.

1. Sous-Moudir, remplaçant du Moudir, c'est-à-dire du Préfet ou Gouverneur.

S. E. le Président insiste pour que le Prosécutor nomme dès maintenant les quatre témoins choisis par lui pour déposer, — et ce, conformément à la dernière résolution de la Cour.

S. E. Moukhtar-Pacha sollicite l'audition des deux témoins présents et déclare que les sieurs Tadros-Boulos et Badir-Boulos sont les deux derniers témoins qu'il veut faire entendre.

Le Prosécutor demande ensuite à Mikaïl-Effendi-Boctor, qui est déjà introduit, de lui préciser les adresses de Tadros-Boulos et Badir-Boulos.

Mikaïl-Effendi-Boctor indique la province d'Esneh comme résidence actuelle de ces deux individus.

S. E. le Président demande au Prosécutor combien de jours lui sont nécessaires pour amener ces témoins devant la Cour.

Le Prosécutor répond qu'il ne peut savoir.

S. E. le Président ne s'explique pas comment le Prosécutor n'a pas pris les dispositions utiles pour que ces deux témoins soient présents à l'audience.

Le Prosécutor répond qu'il a toujours agi dans la pensée que la Cour aurait admis l'audition des 195 témoins; or, avant-hier seulement il a été décidé de n'en plus entendre que quatre; il n'a pas eu le temps de pourvoir.

L'incident est clos.

Audition du 13e témoin à charge, Mikaïl-Effendi-Boctor.

Sur l'invitation du Président, un des membres de la Cour donne lecture au témoin des chefs d'accusation.

S. E. Moukhtar-Pacha déclare qu'il entend procéder librement et d'une façon complète à l'examen de ce témoin.

Réponses du témoin à l'examen du Prosécutor.

J'étais à Khartoum le jour de la chute de la ville.

J'y étais depuis le commencement du siège.

D. Pouvez-vous raconter ce que vous avez vu le jour de la chute?

R. Oui. J'étais couché dans ma demeure; les Mahdistes sont venus me prendre. Comme ils ont l'habitude de dépouiller leurs prisonniers avant de les massacrer, ils m'ont fait remettre l'argent et tout ce que je possédais. Pendant ce temps est arrivé un ordre du Mahdi ordonnant de cesser le massacre.

L'ennemi a donné l'assaut de toutes parts à la fois : à l'Est, à l'Ouest, vers Bouri, sur le Nil Blanc et enfin vers l'Est même, du côté de Toutti; les canons d'Omdurman (qui étaient entre les mains des rebelles) protégeaient les assaillants par leurs feux.

Je ne sais pas qu'il y ait eu trahison ou complot; mais, après la chute de la ville, le bruit a couru que Farragh-Pacha et Hassan-Bey-Benhassaoui avaient trahi.

Ce bruit a couru parmi les rebelles et parmi les prisonniers.

Je ne sais pas si des prisonniers sont ici; je n'avais pas de relations avec eux.

J'ai vu Hassan-Bey en captivité.

Je le connais bien.

Hassan-Bey était traité comme tous les autres prisonniers.

D. Hassan-Bey était-il traité sans distinction ni privilèges ?

R. Sans distinction ni privilèges; mais il lui était alloué, ainsi qu'à Ibrahim-Pacha-Fauzi, dix talaris medjidieh[1] par semaine qu'il touchait du Bet-el-Mal[2].

Moi, je n'avais pas d'allocation. Ibrahim-Bey-el-Bordeini, Mohamed-Effendi-Abou-Lela et le saraf[3] de la Malieh[4] avaient des allocations.

Je ne sais pas pourquoi ces allocations leur ont été accordées. Je ne le sais pas personnellement; je n'ai rien entendu à ce sujet.

Quand j'ai été conduit au camp des Mahdistes, j'y ai trouvé Hassan-Bey prisonnier, et j'ai entendu dire qu'il y était depuis le premier jour de la chute.

Je n'ai pas vu les rebelles le frapper ni le maltraiter. Je ne l'ai pas vu frapper ni maltraiter pour l'obliger à déclarer ce qu'il possédait.

Avant la chute de Khartoum, j'avais eu l'occasion de me rendre deux ou trois fois chez Gordon-Pacha.

On disait que des officiers et des négociants avaient écrit des lettres au Mahdi, mais que ces lettres avaient été saisies par Gordon.

Je l'ai entendu dire par le Bach-Katib[5] de la Malieh.

1. Pièces d'argent de la valeur de cinq francs environ.
2. Administration des Finances, Caisse.
3. Saraf, caissier.
4. Malieh, bureau des Finances.
5. Secrétaire Général.

On n'a jamais su quelles étaient les personnes qui avaient écrit au Mahdi ni ce qu'elles lui avaient écrit.

Je sais que Gordon était fâché contre le Bachinghi-Alaï tout entier, et qu'il était au contraire satisfait du Bringhi-Alaï, auquel il allouait le montant de trois mois de solde pour un mois !

Gordon-Pacha n'avait confiance que dans les Soudanais, c'est-à-dire dans le Bringhi-Alaï, pour les sorties contre l'ennemi.

Gordon-Pacha était fâché contre le Bachinghi-Alaï, parce qu'il n'était pas brave, — et c'est pour cette même raison que Gordon détestait tout soldat égyptien.

J'ai entendu cela de Gordon lui-même, lorsqu'il me fit appeler pour me faire dresser des états de payement aux veuves des officiers du Bringhi-Alaï. Gordon dit alors devant moi à Mohamed-Pacha-Hassan : « Payez d'abord le Bringhi-Alaï; nous verrons ensuite pour le Bachinghi-Alaï, qui ne mérite pas qu'on s'intéresse à lui; il ne fait pas son devoir.

D. N'avez-vous pas entendu dire autre chose par Gordon-Pacha ?

R. Non. Le hasard seul m'avait fait trouver chez lui ce jour-là.

En outre, j'entendais souvent le Mamour[1] de la Malieh et le Nazir[2] des bureaux de la Hekimdarieh[3] dire que le Bachinghi-Alaï était toujours négligent.

Ce Mamour a été tué.

1. Inspecteur.
2. Chef.
3. Gouvernorat Général.

D. En quoi consistait la négligence reprochée au Bachinghi-Alaï ?

R. Une fois, le soir, on s'est aperçu que le fil de fer qui était placé derrière le fossé avait été coupé et que les poteaux qui le soutenaient avaient été arrachés sur un point des fortifications, du côté du Nil Blanc. Ce fil de fer était là pour empêcher ou entraver toute surprise des rebelles. Gordon-Pacha s'était fâché et avait ordonné de faire supporter les frais de réparation aux troupes chargées de ce point de la ligne de défense. Ces frais ont été effectivement supportés par des officiers du Bachinghi-Alaï et du Ourdi du Sandjak Abdalla-Bey-Ismaïl. Ce Ourdi était sous le commandement supérieur de Hassan-Bey.

Le point dont je parle était à 1,200 mètres environ à l'Est du Nil Blanc.

Le fil de fer était détruit sur un espace d'environ 300 mètres.

Gordon-Pacha n'avait procédé à aucune enquête sur ce fait.

J'ai vu l'ordre écrit par Gordon-Pacha, qui se bornait à mettre les frais de réparation à la charge des officiers, *l'état des choses ne lui permettant pas de procéder à une instruction.*

Cet incident a eu lieu un mois ou un mois et demi environ avant la chute de Khartoum.

Comme il n'y avait que quatre chefs de bureau dans l'Administration des Finances, à Khartoum, et que je suis le seul survivant des quatre, personne autre que moi ne peut témoigner aujourd'hui de cet ordre.

D. Hassan-Bey-Benhassaoui était-il du nombre des officiers qui ont supporté les frais de réparation ?

R. L'ordre disait : Tous les officiers du Bachinghi-Alaï et ceux du Ourdi d'Abdalla-Ismaïl.

La partie du fil de fer détruite fut réparée.

D. A qui l'opinion générale avait-elle imputé le fait de la destruction de ce fil de fer?

R. Gordon-Pacha s'était rendu lui-même sur les lieux et, après avoir examiné toutes choses, il avait adressé l'ordre dont je viens de parler aux Finances.

Gordon et l'opinion publique imputaient ce fait aux soldats chargés de la défense de ce point.

Un jour avant la chute, je m'étais rendu sur la ligne. Gordon-Pacha avait donné ordre que tout le monde, même les employés, se rendissent, comme auxiliaires, aux retranchements.

Notre poste était du côté de la section occupée par le Bachinghi-Alaï.

Je n'ai pas parcouru toute la ligne. J'ai pu me rendre compte de la situation, en montant sur le retranchement.

Je ne sais pas et je n'ai pas vu qu'il y eût un endroit, près du Nil Blanc, où la ligne des fortifications aurait été interrompue; mais j'ai bien entendu dire qu'une partie des travaux de défense avait été détruite près du Nil Blanc et n'avait pu être réparée.

Les allocations et les dépenses administratives étaient connues de moi et des trois autres chefs de bureau, qui sont morts; nous en étions chargés.

D. Cinq jours avant la chute, y a-t-il eu distribution de vivres?

R. Non. Il n'y eut distribution de vivres que jusqu'à la fin du mois de décembre; à partir de janvier, on fouillait toute la ville pour trouver quoi que ce soit à donner à manger à l'armée; mais il n'y avait pas de distribution régulière.

D. Chez qui ont été trouvés les cent quatre-vingt-sept ardebs[1] environ de doura (maïs) volés et que Gordon était parvenu à retrouver?

R. Je ne sais pas.

D. Savez-vous que Gordon-Pacha ait, à un moment quelconque, ordonné de vendre du doura et du biscuit aux habitants?

R. Oui.

D. Quand?

R. Au commencement du siège; c'était pour permettre aux habitants qui n'avaient pas de provisions de subsister.

D. A quelle époque cette vente a-t-elle cessé?

R. Au commencement de novembre.

D. Pouvez-vous nous dire quelque chose de particulier sur le compte d'un officier quelconque, de Hassan-Bey-Benhassaoui, par exemple?

R. Non.

D. Savez-vous si Hassan-Bey-Benhassaoui a trahi ou s'il a comploté avec l'ennemi?

R. Non.

D. Connaissez-vous effectivement une négligence reprochable à Hassan-Bey-Benhassaoui?

R. Particulièrement, non; mais tout le Bachinghi-Alaï était négligent; la preuve en est que les armes et les

1. Mesure de volume, variable; — un peu plus de cent kilogrammes de céréales.

munitions du Bachinghi-Alaï étaient sur la ligne après la chute de Khartoum, et que la plupart des officiers de cet Alaï sont vivants; ils sont même parvenus ici, tandis que ceux du Bringhi-Alaï se sont bien battus et sont presque tous morts.

D. Savez-vous qu'un officier quelconque ait excité des soldats à la trahison ou leur ait donné l'ordre de ne pas faire feu contre l'ennemi?

R. Je ne le sais pas; mais j'ai entendu dire que Farragh-Pacha et Hassan-Bey avaient donné ordre aux troupes d'abandonner leurs armes et de ne pas se battre.

D. Est-il parvenu à votre connaissance que des brou-ghies (clairons) soient passés à l'ennemi et que Hassan-Bey-Benhassaoui les ait vus et n'ait rien dit?

R. Non.

Incident.

Borelli-Bey prie la Cour de vouloir bien remarquer qu'il est impossible de comprendre où tendent toutes ces questions posées au témoin en dehors des chefs d'accusation. Quand on demande à un témoin : « Chez qui ont été retrouvés les cent quatre-vingt-sept ardebs de doura volés? » ou bien quand on s'attache à un misérable incident de fil de fer détruit, que veut-on prouver? Fût-il établi que les cent quatre-vingt-sept ardebs de blé ont été trouvés chez Hassan-Bey (ce qui n'a même pas été allégué), ou que le fil de fer a été volontairement coupé par des soldats, aurait-on donné une force nouvelle à l'accusation? On n'aurait pas prouvé, à coup sûr, la culpabilité de Hassan-Bey-Benhassaoui, qui est poursuivi, non pour avoir volé du maïs ou coupé des fils de fer, mais pour avoir livré une position, pour avoir excité des subordonnés à la trahison, pour avoir correspondu avec le Mahdi ou ses lieutenants ! Ces faits n'auraient d'intérêt que si quelque indice direct ou indirect de trahison résultait des témoignages recueillis. En l'état, ils ont pour unique effet de transformer les audiences de la Cour en séances publiques de diffamation contre l'armée. L'accusé en souffre ; mais l'accusation n'y gagne rien.

Que l'honorable Prosécutor interroge le témoin comme bon lui semble ; — mais seulement sur des faits pertinents et utiles à la manifestation de la vérité.

La défense insiste pour que la Cour veuille bien à l'avenir écarter toute question inutile.

Le Prosécutor proteste contre les appréciations de la défense. Il déclare que s'il interroge le témoin relativement au vol de doura ou à toute autre circonstance, ses questions, bien qu'elles ne paraissent pas avoir de l'importance au procès, ont une grave raison d'être. Plusieurs faits mentionnés dans les rapports écrits doivent être vérifiés.

S. E. Moukhtar-Pacha produit des documents en expliquant encore que plusieurs témoins ont écrit tout autre chose que ce qu'ils ont déposé devant la Cour. Par suite, il ne peut prévoir le sens ni la portée des dépositions. L'obligation de parler sous serment modifie sans doute les déclarations primitivement faites.

Moukhtar-Pacha ajoute qu'en tout cas, il s'en rapporte à la résolution prise par la Cour, le 17 juin.

Borelli-Bey répond, en attestant qu'il ne veut soulever aucun incident ; mais il ne peut fermer les yeux sur ce que tout le monde voit, sans manquer aux devoirs de la défense. Il fait remarquer combien la production à l'audience des certificats écrits peut influencer les témoins. Au moment où ils déposent, leur mettre sous les yeux leurs déclarations antérieures, c'est les intimider, en leur faisant craindre qu'en disant la vérité, ils ne se mettent en contradiction avec eux-mêmes.

Toutes les lois écartent les témoins qui ont délivré des attestations sur des faits discutés au procès. Hassan-Bey ne craint aucun moyen d'information; il ne s'oppose même pas à l'audition des témoins qui ont déjà remis des rapports, avec plus ou moins de spontanéité; mais la Cour ne peut ignorer des circonstances qui sont de notoriété publique. Ce Mikaïl-Effendi-Boctor, témoin de prédilection de l'accusation, — et surtout du Ministère des Finances, — est considéré comme l'inventeur ou la cause originelle de ce procès; il est employé au Ministère des Finances, d'où il exerce, non sans quelque profit, une sorte de tyrannie particulière sur les malheureux qui reviennent du Soudan et recourent à ce Ministère pour le payement de leur solde ou la liquidation de leur retraite!

La défense prie instamment la Cour de prendre des mesures efficaces pour que d'autres témoins ne soient plus soumis à des questions oiseuses de nature à fausser les débats. Tous les faits accessoires allégués par le témoin, en admettant qu'ils soient vérifiés, pourraient avoir une portée quelconque, si quelque témoignage avait apporté un indice de faits pertinents à l'accusation. Mais en l'état du procès, alors qu'aucune déposition directe sur les chefs d'accusation n'a été entendue, de pareils témoignages sont au moins superflus.

La défense espère que la Cour voudra bien procéder,

à l'avenir, comme elle a procédé pour l'audition des sixième, septième, huitième, neuvième, dixième, onzième et douzième témoins, c'est-à-dire en leur demandant, dès l'abord, si, oui ou non, ils savent quelque chose relativement à l'un des chefs de l'accusation.

S. E. Moukhtar-Pacha proteste de nouveau contre les assertions de la défense et constate qu'elles sont de nature à impressionner Mikaïl-Effendi-Boctor présentement à la barre de la Cour, — ce qui est contraire à la justice. Il affirme qu'il n'a pu, lui, impressionner, par la production de rapports écrits, le témoin, pour la raison péremptoire qu'il n'a écrit aucun rapport! S. E. Moukhtar-Pacha explique même qu'en invitant Mikaïl-Effendi-Boctor à comparaître, il s'est heurté à un refus; le témoin a objecté, en effet, qu'il ne pouvait s'absenter de son travail sans l'autorisation de M. Vaillant, chef de bureau du Ministère des Finances, chargé de la comptabilité du Soudan, dont il relève. Quand l'autorisation de M. Vaillant a été obtenue, S. E. Moukhtar-Pacha a voulu connaître d'une façon précise ce que pouvait savoir Mikaïl-Effendi-Boctor relativement aux chefs d'accusation. Mais, en présence même de M. Vaillant, Mikaïl-Effendi-Boctor s'est refusé à répondre et à dire un seul mot avant de se trouver devant la Cour. Mikaïl-Effendi-Boctor, sur la demande de S. E. Moukhtar-Pacha, lui a même écrit un billet formel pour lui réitérer l'assurance qu'il ne parlerait que devant la Cour.

Le Prosécutor lit le billet de Mikaïl-Effendi-Boctor et lui fait reconnaître devant la Cour son écriture et sa signature.

S. E. Moukhtar-Pacha ajoute : « Ainsi, quoique la

loi militaire me donne le droit de voir et d'interroger à l'avance les témoins pour connaître le sens de leurs déclarations, comme elle donne à la défense le droit de voir et d'interroger ceux qu'elle entend produire, je me trouve en présence d'un refus formel de la part de Mikaïl-Effendi-Boctor. »

Au surplus, S. E. Moukhtar-Pacha s'en tient à la précédente résolution de la Cour; il a été décidé qu'il ferait entendre quatre témoins encore et qu'il les interrogerait à sa guise; il usera de ce droit, auquel la Cour elle-même ne saurait toucher sans se contredire.

Borelli-Bey fait ressortir la déloyauté d'un débat dont les éléments sont fournis par des rapports écrits en dehors de la justice, ou des insinuations et des racontars à propos de faits étrangers à l'accusation ou n'y ayant trait qu'indirectement et obscurément.

S. E. Moukhtar-Pacha repousse l'expression de *déloyauté*. Aux termes de la loi, il a la faculté d'interroger le témoin sur tous les détails relatifs, même indirectement, aux chefs d'accusation. Un fait peut ne pas être affirmé d'une façon positive, mais résulter de diverses circonstances. Il persiste à réclamer l'exercice de son droit d'interroger comme bon lui semble tous les témoins.

La défense explique que le mot « déloyauté » ne vise que les formes et les origines du procès, — et non pas certainement la personne de l'honorable officier supérieur chargé de soutenir l'accusation.

L'incident est clos et l'audience suspendue.

A la reprise de l'audience, le Président invite la défense à contre-examiner le témoin Mikaïl-Effendi-Boctor.

Contre-examen du témoin par la défense.

D. Comment savez-vous que Bet-el-Mal payait des allocations aux personnes indiquées par vous et notamment à Hassan-Bey-Benhassaoui?

R. Je l'ai entendu dire, et j'ai vu moi-même payer les gens que j'ai nommés.

D. Où étiez-vous quand vous avez vu cela ?

R. J'étais à Bet-el-Mal, où j'allais mendier des secours.

D. Était-ce pour leur donner le moyen de vivre qu'on leur payait ces allocations?

R. Je ne sais pas.

D. A partir de quelle date ces allocations ont-elles été payées ?

R. Aussitôt après que ces officiers ont été faits prisonniers.

D. Combien de Miralaïs y avait-il au Bachinghi-Alaï?

R. Un seul.

D. Qui était-ce ?

R. Hassan-Bey-Benhassaoui.

D. Combien y avait-il de Bimbachis au Bachinghi-Alaï ?

R. Je ne le sais pas ; je ne suis pas militaire.

D. Et combien de Kaïmakans?

R. Je ne me rappelle pas.

D. Combien de Miralaïs et de Bimbachis au Bringhi-Alaï ?

R. Un seui Miralaï ; mais je ne sais pas combien de Bimbachis.

D. Est-ce que Gordon-Pacha avait donné des grades à Hassan-Bey-Benhassaoui ?

R. Oui, la Salissieh (Kaïmakan), puis la Sanieh (Miralaï).

Incident.

S. E. Moukhtar-Pacha demande à la Cour de lui accorder la parole. Il attire son attention sur la portée de cette dernière question de la défense. Il explique que le Ministère ne reconnaît officiellement à Hassan-Benhassaoui que le grade de Bimbachi. S. E. Moukhtar-Pacha demande donc à la Cour de vouloir bien écarter cette question et de ne plus permettre qu'elle soit posée de nouveau à aucun témoin.

Borelli-Bey proteste contre cette prétention du Prosécutor. Il démontre l'intérêt de la question et explique que c'est précisément parce que l'accusation persiste à considérer le Miralaï Hassan-Bey-Benhassaoui comme simple Bimbachi, qu'il pose cette question au témoin. N'est-il pas nécessaire de connaître le véritable grade de Hassan-Benhassaoui? Il importe d'autant plus d'insister sur les grades que Gordon-Pacha avait donnés à Hassan-Bey-Benhassaoui que ces promotions successives constituent la preuve évidente que Hassan-Bey avait su mériter la confiance et l'estime de son chef suprême. Borelli-Bey termine en déclarant qu'il ne manquera pas au devoir de poser la même qnestion à chaque témoin !

La Cour admet la question. L'incident est clos[1].

1. Voir page 216, note 3.

Reprise du contre-examen du témoin par la défense.

D. Êtes-vous seul à savoir que Gordon-Pacha n'était pas satisfait du Bachinghi-Alaï, ou bien d'autres personnes le savent-elles aussi ?

R. Je n'en sais rien.

D. Pouvez-vous nous citer quelques personnes de Khartoum, parmi celles qui sont arrivées ici, qui auraient su ou entendu dire que Gordon-Pacha n'était pas satisfait du Bachinghi-Alaï ?

R. Non, je ne puis citer personne.

D. Est-ce que personne de ceux qui sont arrivés n'en a entendu parler ? Est-ce que vous ne pouvez pas nous citer quelqu'un qui puisse répondre comme vous à cette question ?

R. Je ne connais personne.

Le témoin invoque le journal de Gordon ; « car, dit-il, la Cour pourra facilement apprécier, d'après ce document, les sentiments de Gordon pour les soldats Égyptiens ».

D. Où étiez-vous le jour de la chute de Khartoum ?

R. J'étais chez moi.

D. Qu'avez-vous vu ce jour-là et que vous est-il arrivé ?

R. Le jour de la chute, les rebelles sont venus me prendre chez moi et, s'ils ne m'ont pas tué, c'est parce qu'ils ont cherché d'abord à m'arracher des aveux et des renseignements pour me dépouiller de tout ce que je possédais. C'est dans l'intervalle, c'est-à-dire avant qu'ils n'aient fini de tout me prendre, que l'ordre d'arrêter le massacre est survenu.

D. Où était votre maison, dans quel quartier, dans quelle rue ?

R. Il n'y a ni quartiers ni rues dans Khartoum.

D. Ne pourriez-vous pas nous indiquer approximativement où était située votre maison ?

R. Ma maison était près du Nil Bleu, à l'Est de la ville, près de l'Église Catholique qu'on avait transformée en poudrière.

D. Avez-vous vu quelqu'un livrer une position à Khartoum ou faciliter l'entrée de l'ennemi ?

R. De mes yeux, je n'ai rien vu; mais j'ai entendu dire que Farragh-Pacha avait livré une position et fait en sorte de faciliter l'entrée de l'ennemi.

D. Avez-vous vu ou entendu rien de pareil sur le compte d'Hassan-Bey-El-Benhassaoui ?

R. Il y avait aussi des bruits pareils sur son compte.

D. Avez-vous su qu'il y ait eu une position livrée le jour de la chute de cette ville ?

R. Non.

Réponses du témoin aux questions de la Cour.

Je suis resté prisonnier dans ma maison trois jours, et mes biens ont été pris.

Je n'ai vu la ligne de fortification du côté du Nil Bleu que le deuxième jour après la chute.

Le troisième jour, en sortant de la ville, j'ai vu la ligne de défense du côté du Nil Blanc; alors j'ai observé que les armes du Bachinghi-Alaï étaient à leur place.

En sortant de la ville et en traversant la ligne, j'ai vu

les fusils sur les épaulements. J'ai vu peu de morts du Bachinghi-Alaï au revers du retranchement, en dedans de Khartoum.

Les armes du Bringhi-Alaï étaient éparses à côté des morts.

Les morts gisaient çà et là, mais on pouvait observer facilement qu'avant de mourir les soldats du Bringhi-Alaï avaient formé un carré et s'étaient vigoureusement défendus.

Je n'ai parcouru la ligne de défense que quinze jours après la chute de Khartoum.

Les morts y étaient encore, mais les armes n'y étaient plus.

A la demande :

Connaissez-vous la position qu'occupait Bachinghi-Alaï sur la ligne de défense de Khartoum? le témoin répond :

R. Oui; il était du côté du Nil Blanc, sur un parcours du tiers ou de la moitié de la ligne, — avec d'autres troupes dépendant aussi du Commandant du Bachinghi-Alaï.

Dans toute cette partie, il y avait très peu de cadavres.

L'ennemi m'a fait sortir de la ville par le côté du Nil Blanc.

Je marchais sur un terrain plan; car le fossé et le retranchement étaient détruits.

Il y avait là aussi bien peu de morts, — épars, et sans armes.

Les morts étaient distants les uns des autres.

Je ne me rappelle pas combien j'ai vu de cadavres; je les voyais de très loin, mais je puis dire approximativement vingt ou trente.

J'ai bien reconnu la forme du carré des régiments du Bringhi-Alaï, parce que j'étais passé tout à côté; sur le reste de la partie de la ligne de défense qu'occupait le Bringhi-Alaï, il y avait aussi beaucoup de morts.

La position des Bachibouzouks placés sous le commandement de Hassan-Bey était à la droite des réguliers.

Je ne sais pas si les Bachibouzouks ont eu des morts; je n'ai traversé que la position des réguliers.

J'ai vu les morts qui étaient à la porte de Kalakla. Ils étaient en dedans de la ligne.

A la porte de Kalakla étaient des Bachibouzouks et des volontaires.

Au commencement de la ligne, du côté du Nil Blanc, il n'y avait pas de morts.

Les Ourdis qui étaient sous le commandement de Hassan-Bey étaient formés de Schaggiehs, de noirs et de mulâtres.

Gordon-Pacha faisait sortir les noirs pour chasser l'ennemi.

Les soldats Égyptiens ne réussissaient jamais dans aucune entreprise, tandis que les noirs réussissaient souvent.

Les soldats du Bachinghi-Alaï ne sortaient que dans les bateaux; ils revenaient toujours battus.

L'ennemi avait tenté, une fois, d'assaillir Khartoum du côté de Bouri; mais il était trop loin.

Il avait installé un fort en face du Nil Blanc; mais il n'avait jamais essayé l'assaut de ce côté.

Les forts de Kalakla et Makran dépendant du Commandant du Bachinghi-Alaï ripostaient toujours au feu de ce fort.

Depuis le siège, l'ennemi n'a donné d'assaut qu'à Omdurman; il n'a assailli Khartoum que le jour de la chute.

Il n'y a pas de pluies en décembre.

Le jour de la chute de Khartoum, l'ennemi bloquait cette ville à la distance d'une portée d'obus.

Je n'ai rien appris et je ne sais rien relativement aux femmes de Hassan-Bey-Benhassaoui; mais je sais que sa fille est mariée au Mahdi. Pas précisément mariée; — enfin, je ne sais rien d'exact à ce sujet.

Hassan-Bey et les officiers supérieurs allaient de temps à autre à Omdurman.

Je sais que les Mahdistes donnaient des vêtements et des talaris aux pauvres prisonniers; ils donnaient en proportion des biens enlevés.

Je n'ai pas vu prendre les biens de Benhassaoui; mais je sais qu'on a dépouillé tout le monde.

J'ai vu Hassan-Bey-Benhassaoui en captivité; je l'ai vu à Omdurman et à Khartoum, où il habitait une hutte.

Je n'ai vu personne du Bringhi-Alaï, car tous les officiers supérieurs ont été tués. Hassan-Bey a été fait prisonnier avant moi; j'ai vu aussi Ibrahim-Pacha-Fauzi; il était le compagnon de Hassan-Bey.

Le jour de la chute, on a tiré de la poudrière, même après l'entrée de l'ennemi. J'ai entendu aussi tirer beaucoup du côté de Bouri, ma maison était située de ce côté.

Je pouvais également entendre les coups de feu du côté du Nil Blanc.

On pouvait entendre de la ville et de ma maison les coups de feu tirés de tous les points de la ligne distinctement.

La nuit de la chute, je n'ai pas entendu de coups de feu du côté du Nil Blanc.

Quelques Mahdistes d'Omdurman ont passé le Nil Blanc en barque après s'être assurés que leurs compagnons avaient pénétré dans la ville.

Le grade de Miralaï a été donné à Hassan-Bey-Benhassaoui six ou sept mois avant la chute de Khartoum.

Une des Compagnies du Bachinghi-Alaï, celle qui était à Omdurman, s'est bien battue.

Après l'audition de ce témoin, Borelli-Bey insiste pour que la Cour veuille bien considérer ses suggestions relatives aux questions adressées aux témoins. Il invoque le règlement de procédure.

S. E. Moukhtar-Pacha réplique en maintenant son droit d'interroger les témoins comme bon lui semble; « c'est non seulement un droit, ajoute-t-il, mais encore un devoir. »

La Cour délibère et rend une ordonnance aux termes de laquelle S. E. Moukhtar-Pacha continuera à interroger les témoins comme bon lui semblera, — à condition cependant que les questions posées par lui soient pertinentes.

L'audience est levée; la prochaine séance est fixée au lendemain.

AUDIENCE DU 30 JUIN

Audition du 14e témoin à charge, Hassan-Effendi-Abdalla, Wékil de la Moudirieh de Khartoum.

Incident.

Dès l'introduction de ce témoin, S. E. Moukhtar-Pacha fait savoir à la Cour qu'il désire l'interroger sur toutes les circonstances et tous les détails qu'il jugera utiles. Il invoque spécialement l'article 45 du Règlement de Procédure et appelle l'attention de la Cour sur le mot « détails ». Il explique ensuite que les chefs d'accusation tels qu'ils sont portés dans l'acte d'accusation même ont chacun une portée étendue; il cite, comme exemple, le premier chef d'accusation : « avoir livré honteusement une position ». Le mot « honteusement » peut être interprété de diverses manières. Le Prosécutor ajoute que cette question même se trouve réglée dans le code militaire. D'ailleurs quand il s'agit « d'avoir livré une place » (rendu ou capitulé), fût-ce honorablement, le fait en lui-même est reprochable, quelles qu'en soient les circonstances.

Sur le second chef d'accusation, le Prosécutor fait observer qu'il y a plusieurs manières d' « exciter des troupes à livrer une position ». Il fournit divers exemples à l'appui de son observation. Le Prosécutor, passant au troisième chef d'accusation, expose qu'il y a maintes façons aussi de « communiquer avec l'ennemi ». On peut communiquer par écrit, par télégramme, par téléphone, par des envoyés spéciaux, verbalement, etc., etc.

La Cour fait remarquer à S. E. Moukhtar-Pacha que les moyens télégraphiques et téléphoniques n'existaient pas entre Khartoum et le Mahdi. Aussi bien ce dernier chef articule clairement que Hassan-Bey est accusé d'avoir *écrit* au Mahdi.

S. E. Moukhtar-Pacha reprend la parole et conclut en insistant sur la nécessité d'interroger très largement les témoins pour tirer au clair des faits qui, sans être expressément attestés, pourraient néanmoins résulter de circonstances par induction. Le Prosécutor émet l'avis que les témoins, n'ayant généralement pas étudié l'art militaire, ignorant les questions de service à l'armée, ne peuvent pas répondre brusquement par oui ou non sur une question relative à des faits de guerre.

Borelli-Bey rappelle la décision rendue, la veille, par la Cour, à la suite d'une contestation qui se reproduit constamment, sous des formes diverses, depuis l'ouverture des débats. Il répète que la loi n'admet que les questions directes et pertinentes ; il invoque à son tour le Règlement de Procédure. Le défenseur de Hassan-Bey insiste sur l'inutilité de questions qui n'ont aucun rapport avec les chefs d'accusation, et prie la Cour de bien vouloir maintenir ses décisions.

La Cour ordonne qu'il soit donné lecture, une seconde fois, de sa dernière résolution ; l'incident est clos.

Examen du témoin par le Proséculor.

D. Étiez-vous à Khartoum le jour de la chute de la ville ?

R. Oui.

D. Étiez-vous sur la ligne ?

R. Non.

D. Où étiez-vous ?

R. J'étais dans ma maison.

D. Savez-vous quelque chose relativement à l'entrée de l'ennemi dans Khartoum ? — Racontez ce que vous savez.

R. La première cause de la chute de la ville est la famine des soldats. A partir de novembre, les provisions étaient épuisées ; les soldats mangeaient de la gomme ; puis, ils ont dévoré les herbages des jardins, les ânes, les chiens et enfin les cœurs de dattiers. Plusieurs abandonnaient leurs postes ; beaucoup mouraient ; les survivants n'étaient que des ombres.

D. Que savez-vous relativement à ceux qui désertaient ?

R. Rien ; la faim les démoralisait et ils désertaient.

D. Que faisait-on aux déserteurs ?

R. On les fusillait.

D. Savez-vous quelque chose de particulier sur le compte d'un officier quelconque ?

R. Le Hakimdar ayant entendu des bruits de complot, dix-huit personnes, et notamment le Moudir, le Kadi, etc., avaient été emprisonnées par ses ordres. Quant aux Officiers, je ne sais rien ; mais le bruit a couru, après la chute de Khartoum, que les Mahdistes étaient entrés du côté du Nil Blanc, par la section de la ligne où commandait Hassan-Bey. Je n'ai pas entendu dire que Hassan-Bey eût livré la position. On disait cependant que Farragh-Pacha, pour sortir de Khartoum, la veille de la catastrophe, avait fait ouvrir la porte de Messalamieh.

D. Savez-vous quelque chose de particulier sur le compte de Hassan-Bey-Benhassaoui, — notamment à propos des chefs d'accusation ?

R. Absolument rien. Tout au contraire, j'ai juré de dire la vérité, et je puis attester que Hassan-Bey était toujours à sa section sur la ligne de défense. Jamais je n'ai entendu formuler la moindre critique sur sa conduite.

Contre-examen du témoin par la défense.

D. De quel Régiment était Omer-El-Féky-Ibrahim ?

R. Je sais qu'il appartenait au Bachinghi-Alaï ; c'était un Sandjak.

D. Jusqu'à quelle date savez-vous qu'il était au Bachinghi-Alaï ?

R. Jusqu'à fin novembre.

D. Quand Omer-Ibrahim a-t-il déserté ?

R. Quatre ou cinq jours avant la chute, avec des hommes des Ourdis.

D. Par quel point de la ligne est-il sorti ?

R. Je ne le sais pas.

D. Gordon avait-il donné des grades à Hassan-Bey ?

R. Oui, Kaïmakan, — puis Miralaï.

D. Hassan-Bey touchait-il 500 Piastres tarifs en sus de ses émoluments ?

R. Je n'en sais rien.

D. Quel a été le résultat de la fuite d'Omer-Ibrahim — et pourquoi a-t-il déserté ?

R. Il a trahi et déserté à la suite d'un complot ; de plus, j'ai entendu dire, après la chute de la ville, que c'est lui qui montra la route à l'ennemi et lui dit que nos soldats affamés n'étaient plus que des ombres.

D. Avant de retourner au Caire, avez-vous su ce qu'était devenu Omer-El-Fèky-Ibrahim ?

R. Je l'ai vu là-bas, — très bien traité, relativement aux autres ; il est toujours auprès du Mahdi.

Réponses du témoin aux nouvelles questions du Prosécutor.

D. Racontez exactement ce que vous savez sur le compte de tous les officiers que vous connaissiez.

R. Abdalla-Ismaïl, Bachibouzouk, accusé d'avoir rompu des fils de fer, fut, par ordre de Gordon, l'objet d'une enquête dirigée par Farragh-Pacha et Hassan-Bey ; quand sa culpabilité fut constatée, il fut emprisonné. Il est resté en prison jusqu'au jour de la chute de Khartoum.

D. A quelle date cette affaire eut-elle lieu ?

R. Un ou deux mois avant la chute.

D. Savez-vous si Hassan-Bey avait vu Omer-Ibrahim abandonner son poste ?

R. Non.

D. Quelles mesures a-t-on prises à la suite de la désertion d'Omer-Ibrahim ?

R. Je ne sais pas, mais Gordon avait été irrité de cette désertion et avait recommandé la vigilance à Farragh-Pacha et à Hassan-Bey.

D. Par qui Gordon a-t-il eu connaissance de cette désertion ?

R. Il a connu cette désertion par les Officiers du Bachinghi-Alaï et par Farragh-Pacha.

D. Savez-vous si Hassan-Bey l'avait dit à Farragh-Pacha ?

R. Je ne peux le savoir; mais il soumettait à Farragh-Pacha tout ce qui était relatif à son commandement.

Questions de la Cour.

D. Êtes-vous sûr qu'Omer-Ibrahim fut placé sous le commandement de Hassan-Bey ?

R. Oui.

D. Savez-vous si, le jour de sa fuite, il était toujours sous le commandement de Hassan-Bey.

R. Je n'en sais rien; mais, après la chute, j'ai entendu dire qu'il dépendait du Bachinghi-Alaï.

D. Vous avez dit qu'il y avait eu des désertions; sur quelles parties de la ligne se sont-elles produites ?

R. Des Soudanais et des Bachibouzouks ont déserté sur toute la ligne et même dans la section du Bachinghi-Alaï. Les réguliers Soudanais du Bringhi-Alaï désertaient surtout à cause de la famine.

D. Les soldats du Bachinghi-Alaï ne désertaient-ils pas ?

R. Non, aucun.

Incident.

La Cour demande à S. E. Moukhtar-Pacha s'il a d'autres témoins prêts à déposer.

Le Prosécutor répond que, sur dix témoins qu'il avait

choisis, il n'a pu faire comparaître que Mikaïl-Effendi-Boctor et Hassan-Effendi-Abdalla. Il invoque de nouveau l'article 45 du Règlement de Procédure et prie la Cour de lui donner le temps nécessaire pour prendre des mesures coercitives et amener devant elle d'autres témoins dans un délai quelconque.

Borelli-Bey s'oppose à tout renvoi. Il invoque à son tour les alinéas B et C de l'article 45 et dit qu'il appartenait au Prosécutor de prendre ses dispositions en temps utile pour ne pas indéfiniment prolonger des débats aussi pénibles et les tourments de l'accusé. Quelles que soient les causes de l'absence des témoins et appartînt-il à S. E. Moukhtar-Pacha, à la Cour, ou à qui que ce soit de prendre des mesures exceptionnelles pour les contraindre à se présenter, ces mesures auraient dû être prises depuis longtemps. Aujourd'hui, il serait inique de prolonger ce douloureux procès en accordant à la poursuite, qui a eu tout le temps de préparer son œuvre, de nouveaux délais.

S. E. Moukhtar-Pacha fait observer à la défense qu'elle ne peut avoir la prétention d'enseigner à la Cour ses devoirs.

La Cour demande à S. E. Moukhtar-Pacha si des témoins nouveaux répondraient sur les chefs d'accusation.

S. E. Moukhtar-Pacha répond qu'il n'en sait rien.

La Cour demande à S. E. Moukhtar-Pacha s'il n'est pas possible de s'en rendre compte par la lecture des rapports écrits.

S. E. Moukhtar-Pacha assure que les témoins entendus ont dit autre chose que ce qu'ils avaient écrit. Mais il prend acte de la question de la Cour pour constater qu'elle prend en juste considération les rapports écrits.

Borelli-Bey repousse cette interprétation des paroles du Président. Il répète que Hassan-Bey aurait pu faire écarter le témoignage des témoins qui ont remis des rapports écrits. Hassan-Bey ne l'a pas voulu pour démontrer à la Cour qu'il n'a pas plus de crainte que d'arrière-pensée et qu'il ne recherche que la lumière. Hassan-Bey est fort de sa conscience seule. Si la Cour, pour s'éclairer sur le mérite des dépositions des deux témoins que le Prosécutor veut encore faire entendre, désire connaître leurs rapports écrits, elle le peut, sans doute, en dehors de l'audience, au sein de ses délibérations, comme elle peut consulter tout document produit ou non produit, pour éclairer sa conscience. Mais en aucun cas, la Cour ne voudra qu'il soit donné publiquement lecture de documents étrangers au procès et préparés sous une inspiration bien différente des sentiments de justice qui l'animent !

La Cour délibère et rend la décision dont la teneur suit :

ORDONNANCE

Après avoir délibéré secrètement, la Cour a autorisé le Prosécutor à produire encore quatre témoins, qu'il pourrait questionner comme bon lui semblerait sur tout ce qui se rattache à l'accusation. Deux des témoins se sont présentés et ont été entendus. Puis le Prosécutor a indiqué deux autres témoins : Saleh-Yali-Ahmed-Mohamed, Bachibouzouk, et Ibrahim-Nada, Chawich du Bringhi-Alaï; mais il a déclaré que leur présence n'était pas possible immédiatement ; car le domicile de l'un d'eux est inconnu, et l'autre, bien que mandé, ne s'est pas présenté. Cela résulte de pièces présentées à la Cour et paraphées par le Président. Le Prosécutor a déclaré en outre ne pas savoir si ces deux témoins déposeraient sur les chefs d'accusation. L'audience a été alors suspendue, et, après délibération secrète, la Cour décide qu'il est inutile d'entendre les deux derniers témoins à charge, — étant suffisamment édifiée par ceux déjà entendus.

Après la lecture de cette décision, le Président de la Cour s'adresse à Hassan-Bey et lui fait remarquer qu'en dehors des griefs formels de l'accusation qui constituent des crimes, il peut y avoir, au point de vue de l'honneur, dans la conduite d'un Officier, des actes répréhensibles, fautes ou négligences. Il doit s'appliquer à détruire, dans l'esprit de la Cour et dans l'opinion publique, la défaveur qui l'atteint.

L'audience est levée. La prochaine séance est fixée au 2 juillet.

AUDIENCE DU 2 JUILLET

A l'ouverture de l'audience, Borelli-Bey expose à la Cour que s'il s'agissait seulement de combattre les trois griefs de l'accusation, il aurait engagé Hassan-Bey à renoncer à produire des témoins à décharge. Mais, au cours des débats, certaines allégations et insinuations ont porté atteinte à l'honneur de Hassan-Bey. A cause même de l'éclat de ce procès, il faut qu'une pleine lumière pénètre toute la vie militaire de Hassan-Bey; il faut que le souffle de la vérité balaye ces allégations et insinuations troublantes et mensongères. La Cour elle-même a d'ailleurs convié l'accusé à présenter son entière justification; il se justifiera. C'est le devoir de la défense de rétablir les faits pour l'honneur d'un soldat qui n'a pas cessé de servir loyalement son pays.

Audition du 1er témoin à décharge, Sid-Ahmet-Effendi-Abdel-Razek, Mélasim-Awel de la 4e Compagnie du Bachinghi-Alaï.

Examen du témoin par la défense.

D. Étiez-vous à Khartoum le jour de la chute de cette ville?

R. Oui.

D. Étiez-vous sur la ligne de défense?

R. Oui.

D. Quel était votre grade?

R. Mélasim dans la 4e Compagnie du Bachinghi-Alaï.

D. Qui était votre chef direct?

R. El-Saïd-Effendi-Amin.

D. Qui était votre Miralaï?

R. Hassan-Bey-Benhassaoui.

D. Le connaissez-vous?

R. Oui.

D. Quel était exactement son grade dans l'Alaï?

R. Miralaï.

D. Avait-il bien le grade de Miralaï? Est-ce bien Gordon-Pacha qui lui a accordé le grade?

R. Oui; c'est Gordon-Pacha qui lui a donné ce grade.

D. Quelle était votre position sur la ligne?

R. A droite de Kalakla.

D. Y avait-il une porte à Kalakla?

R. Non; on avait élevé certaines constructions pour placer une porte, mais on n'avait pas posé la porte.

D. Avez-vous vu Hassan-Bey le jour de la chute de Khartoum?

R. Oui.

D. Par qui l'alarme a-t-elle été donnée, à l'arrivée de l'ennemi?

R. Par les soldats des postes du Nil Blanc.

Incident.

S. E. Moukhtar-Pacha demande la parole à la Cour pour lui faire remarquer que ce témoin, appartenant au Bachinghi-Alaï, est intéressé à formuler des réponses favorables à son Alaï.

La Cour répond à S. E. Moukhtar-Pacha que le témoin a juré de dire la vérité.

Le témoin proteste avec fermeté contre les observations du Prosécutor et affirme énergiquement, sous la foi de son serment, qu'il n'a dit et ne dira que la vérité.

La défense n'intervient pas dans l'incident et continue l'examen du témoin.

D. Comment le Bachinghi-Alaï s'est-il comporté?

R. Très bien.

D. Combien y a-t-il eu de morts appartenant au Bachinghi-Alaï ?

R. Je ne puis le préciser; mais je sais qu'il y a eu bien peu de survivants, — une centaine peut-être.

D. Est-ce que les Mahdistes, le jour de la chute, laissaient les armes en place ou à côté des morts?

R. Non ; ils les prenaient.

D. Y a-t-il eu désertion de réguliers au Bachinghi-Alaï?

R. Non, jamais.

D. Savez-vous si Gordon-Pacha était fâché contre le Bachinghi-Alaï?

R. Non.

D. A-t-on jamais payé de préférence la solde du Bringhi-Alaï.

R. Non; toutes les troupes touchaient leur solde en même temps.

D. Jusqu'à quand a-t-on distribué des vivres?

R. Jusqu'à fin décembre.

D. Qu'a-t-on mangé ensuite?

R. Le cœur des dattiers; on a extrait de la farine des branches même des dattiers; mais cette farine était donnée en quantité minime.

D. Avez-vous mangé de la gomme?

R. Oui; elle nous gonflait le ventre et les jambes sans nous fortifier.

D. Est-ce que les soldats avaient alors encore une certaine force physique de résistance?

R. Oh! non.

D. Que sont devenus, en général, les hommes du Bringhi-Alaï, au Soudan?

R. Les rebelles les ont pris et leur ont confié des armes à feu parce qu'ils étaient Soudanais d'origine comme eux.

D. Avez-vous su qu'un fil de fer aurait été coupé en quelque endroit devant les fortifications? — et à qui était imputable cet accident?

R. Rien de semblable n'est arrivé, que je sache.

D. Savez-vous s'il était alloué à Hassan-Bey une somme de 500 piastres tarifs par mois en sus de ses appointements?

R. Oui, depuis qu'il était Kaïmakan.

D. Savez-vous jusqu'à quand Hassan-Bey toucha cet excédent de solde?

R. Jusqu'au dernier payement.

D. Pourquoi lui avait-on alloué ce supplément de 500 piastres tarifs?

R. Gordon-Pacha le lui avait alloué parce qu'il était très exact dans son service.

D. Avez-vous vu Hassan-Bey en captivité?

R. Oui; je l'ai vu.

D. Y était-il avant vous?

R. Nous y étions ensemble.

D. Est-ce que, par votre position sur la ligne, vous étiez éloigné de Hassan-Bey?

R. Non; j'étais près de Hassan-Bey?

D. Qu'avez-vous vu au moment de l'assaut? Veuillez nous le raconter?

R. L'ennemi était entré en poussant des cris; il avait passé sur les troupes qui gardaient le Nil Blanc; il prenait notre ligne à revers. Nous tirions d'abord du côté du Nil Blanc, un peu à notre droite; mais quand nous avons remarqué que l'ennemi, tout en suivant la ligne, nous venait par derrière, nous avons formé le 3e et le 4e Boulouk en carré. Nous avons soutenu le choc jusqu'à la fin, c'est-à-dire jusqu'à ce que les Mahdistes aient rompu notre carré. Alors nous nous sommes réunis, pour battre en retraite vers la position du Bringhi-Alaï. Tout cela n'a d'ailleurs pas duré bien longtemps, car les rebelles étaient confondus avec les soldats et le désordre devint bientôt indescriptible. Un véritable massacre s'ensuivit; les survivants furent faits prisonniers.

D. Mais que savez-vous de Hassan-Bey? Que fit-il en ce moment?

R. Je l'ai vu encourager les soldats à la résistance. Dans tous les mouvements que je viens d'indiquer, Hassan-Bey était avec nous. De mes yeux je l'ai vu combattre et tomber prisonnier entre les mains des Mahdistes?

D. En quel état était-il?

R. Les Mahdistes, après l'avoir pris, le frappaient en le déshabillant.

D. Voyait-on que Hassan-Bey avait été frappé? Portait-il des traces de coups ou de blessures?

R. Oui.

D. Savez-vous ce que sont devenus les femmes, la fille et les biens de Hassan-Bey?

R. Après le massacre et la chute de la ville, les femmes de Hassan-Bey furent enlevées par les Madhistes. Sa fille fut prise par le Mahdi personnellement; ses femmes furent données à des chefs de tribus. Les Mahdistes avaient dépouillé Hassan-Bey de ses biens; ils l'avaient emmené dans sa propre maison pour se faire remettre tout ce qu'il possédait.

D. Combien de temps êtes-vous resté en captivité?

R. Sept mois.

D. Dans cet intervalle avez-vous vu Hassan-Bey changer de condition d'existence?

R. Non; je l'ai vu dans la misère comme les autres.

D. Savez-vous ou avez-vous entendu quelque chose au sujet d'un acte de trahison commis par Hassan-Bey?

R. Non; je ne sais rien de semblable et je n'ai rien entendu dire.

D. Qui a ouvert la porte de Messalamieh et quand a-t-elle été ouverte?

R. Les Mahdistes l'ont ouverte après la prise de la ville pour en faire un passage; il n'y avait pas d'autre porte.

D. Quelles troupes occupaient la porte de Kalakla?

R. Il y avait là un fortin avec un canon et des Bachi-bouzouks.

D. Les Égyptiens du Bachinghi-Alaï faisaient-ils des sorties contre l'ennemi?

R. Oui.

D. Et les Noirs du Bringhi-Alaï?

R. Oui, également.

D. Est-ce que Gordon-Pacha ou Farragh-Pacha préféraient les noirs aux Égyptiens?

R. Non. En général, quand les soldats se distinguaient par leur bravoure sur les bateaux, Gordon leur accordait une rémunération.

D. Est-ce que Hassan-Bey était respecté et craint sur la ligne de défense?

R. Oui.

D. Gordon-Pacha avait-il de la considération pour Hassan-Bey?

R. Oui.

D. Était-on exact dans le service au Bachinghi-Alaï?

R. Oui.

D. A-t-on mangé de la viande deux ou trois jours avant la chute de Khartoum?

R. Non; il n'y en avait plus.

D. Pas même celle des buffles, pris aux sakiehs des jardins?

R. Non; le fait auquel vous faites allusion date de quatorze jours avant la chute de Khartoum; nous n'avons mangé de la viande de buffles qu'un seul jour. Ce bétail venait de Toutti.

D. Connaissez-vous Omer-El-Féky-Ibrahim?

R. Oui.

D. De quel Alaï était-il?

R. Du Bringhi-Alaï.

D. N'a-t-il jamais fait partie du Bachinghi-Alaï?

R. Je ne l'y ai jamais vu.

D. Par où est-il sorti et comment?

R. Omer-Ibrahim est sorti seul emportant un demi-mois de solde de ses hommes en argent comptant.

D. Savez-vous ou avez-vous entendu dire que Hassan-Bey ait correspondu avec l'ennemi?

R. Non; je ne sais rien de semblable et ne l'ai pas entendu dire.

D. Savez-vous si Hassan-Bey est allé au Kordofan ou au Darfour après la chute de Khartoum?

R. Non; après la chute de Khartoum, Hassan-Bey n'a été ni au Kordofan ni au Darfour.

D. Quels étaient les principaux commandements sur la ligne de défense?

R. Celui de Behkit-Bey-Petracchi et celui de Hassan-Bey-Benhassaoui.

D. D'où partait et où finissait le commandement de Behkit-Bey?

R. Il s'étendait de Bouri à Kalakla.

D. Savez-vous si Bet-el-Mal versait de l'argent à Hassan-Bey?

R. Je ne le sais pas; je ne l'ai pas vu et je ne l'ai pas entendu dire; mais nous tous prisonniers nous avions chacun une piastre tarif[1] par semaine.

D. Qu'ont fait les soldats du Bachinghi-Alaï le jour où ils sont sortis par la porte de Messalamieh?

R. Ils ont combattu vaillamment et fait beaucoup de mal aux rebelles; deux Émirs ont été tués par eux, ce jour-là.

D. Et quand ils sont retournés, qu'a fait Gordon-Pacha?

R. Par ordre de Gordon-Pacha ils ont été reçus par Fauzi-Pacha, musique en tête; Gordon a même promis des grades aux officiers.

1. Pièce d'argent de la valeur de 0 fr. 25 environ.

D. Quel jour était-ce?

R. Le 1er janvier 1885, un jeudi.

D. N'ont-ils rien fait et ne sont-ils pas sortis une autre fois par l'extrémité de la ligne, vers le Nil Blanc?

R. Oui, un lundi; c'était, je crois, le 6 Ramadan. Ils ont repoussé l'ennemi, tué un certain nombre de rebelles et un Émir.

D. Dites-nous ce que vous savez des faits d'armes des hommes du Bachinghi-Alaï sur les bateaux.

R. Le bateau *Mansourah* avait reçu ordre de sortir avec des troupes, sous le commandement de Youssef-Effendi-Effat; j'étais de l'expédition. Nous sommes allés en reconnaissance pendant cinq journées sur le Nil Blanc; nous avions des provisions; c'était pendant le siège. A un certain endroit appelé Mouhi-Bey, l'ennemi a fait feu sur nous; nous avons riposté et poursuivi notre route jusqu'à une île où nous avons débarqué, débusqué l'ennemi, pris son bétail et des armes. Avec ce butin nous sommes rentrés dans Khartoum.

D. Quelle est la distance de Mouhi-Bey à cette île?

R. Quatre heures.

D. Connaissez-vous le nom de cette île ?

R. Non.

D. Pouvez-vous me dire quand est arrivé ce fait ?

R. En Chaaban 1301, je crois.

D. Qu'avez-vous fait du bétail que vous avez pris dans l'île ?

R. On l'a ramené à Khartoum; par ordre de Gordon, on nous en a donné une partie; le reste a été vendu.

Contre-examen du témoin par le Prosécutor.

D. Connaissiez-vous Gordon-Pacha?

R. Je ne le connaissais pas personnellement, mais je l'ai vu.

D. Lui avez-vous parlé?

R. Non, jamais.

D. Comment donc savez-vous qu'il avait confiance en Hassan-Effendi-Benhassaoui, le Bimbachi?

R. La confiance que Gordon avait en Hassan-Bey-Benhassaoui était de notoriété publique à Khartoum. Hassan-Bey était dévoué à Gordon, et quand celui-ci venait sur la ligne de défense ou envoyait des ordres par son drogman, il était toujours question de la confiance du Hadimkar en Hassan-Bey. J'ai d'ailleurs entendu de mes oreilles Gordon exprimer cette confiance.

D. Est-ce que Gordon-Pacha parlait l'arabe?

R. Je ne l'ai jamais entendu parler cette langue.

D. Est-ce que Gordon-Pacha était content du Bachinghi-Alaï?

R. Oui.

D. Comment le savez-vous?

R. Quand il passait sur la ligne pour l'inspecter, il nous adressait des éloges par l'intermédiaire de son drogman.

D. Comment savez-vous que Gordon-Pacha n'a jamais été mécontent du Bachinghi-Alaï?

R. Par sa bonne humeur et ses bonnes paroles que nous voyions et entendions chaque fois qu'il venait en inspection.

D. Est-ce que l'ennemi est entré par la porte de Messalamieh?

R. Non ; il est entré du côté du Nil Blanc.

D. Étiez-vous, le jour de la chute, et pendant tout le temps du combat auprès de Hassan-Bey ?

R. Non, mais au moment de la formation du carré, Hassan-Bey est venu à nous.

D. Qui a donné l'ordre de faire le carré ?

R. Nous avons formé le carré avant l'arrivée de Hassan-Bey, c'est Ibrahim-Bey-Salah qui en a pris l'initiative et a donné l'ordre.

D. De quel côté venait Hassan-Bey quand il vous a rejoint au moment de la formation du carré.

R. Du côté des 1er et 2e Boulouks.

D. Comment l'ordre de former le carré a-t-il été donné ? Est-ce verbalement ?

R. Non, par le bouri (clairon).

D. De quel point est venu le signal ?

R. Du centre où se trouvait Ibrahim-Bey.

D. Le signal de faire feu avait-il été donné pour faire feu sans se déplacer ?

R. D'abord, oui ; puis, pour battre en retraite, car l'ennemi venant de derrière la ligne, on ne pouvait pas se maintenir en « biada-kadama », c'est-à-dire sur le revers du retranchement. Les côtés Ouest et Nord du carré, seuls, faisaient feu ; on reculait vers le Bringhi-Alaï, en « sagha » (demi-tour à droite).

D. A quel moment avez-vous reçu l'ordre de former le carré ?

R. A l'aube.

D. L'ennemi vous était donc venu par derrière ?

R. Oui.

D. Alors, ceux du Nil Blanc ne s'étaient pas battus ?

R. Ils s'étaient battus, mais l'ennemi avait réussi à balayer cette partie de la ligne et lorsqu'il est arrivé sur nos derrières, nous avons formé le carré. Au commencement, nous faisions feu devant nous.

D. Avant la formation du carré, faisait-on feu de tous côtés dans votre position ?

R. Oui, en « sagha ».

D. Y avait-il un canon au fort Kalakla ?

R. Oui.

D. Sous le commandement de qui était ce canon ?

R. Je ne me rappelle pas.

D. Qu'a-t-on fait de ce canon au moment où le carré a été formé ?

R. Le canon a continué de tirer.

D. Les artilleurs du fortin de Kalakla sont-ils venus rejoindre votre carré ?

R. Non.

D. Quand votre carré battait en retraite, est-ce que le canon continuait à faire feu ?

R. Oui, jusqu'à ce que l'ennemi s'en soit emparé.

D. Avez-vous vu, de vos yeux, prendre Hassan-Bey comme prisonnier ?

R. Oui.

D. Avez-vous vu ce que l'ennemi lui a fait ?

R. Oui ; il l'a complètement dépouillé de ses vêtements.

D. Indiquez-moi le point sur lequel vous avez été fait prisonnier.

R. En dedans de la ligne de fortification, entre les deux fortins de Kalakla et de Messalamieh.

D. Est-ce que vous avez été pris ensemble, vous et Hassan-Bey ?

R. Non, séparément.

D. Hassan-Bey a-t-il été pris avant ou après avoir sauté le fossé de la ligne de défense?

R. Hassan-Bey a été pris en dedans de la ligne de défense, comme nous; personne n'a franchi le fossé.

D. A quel moment Hassan-Bey est-il arrivé près de vous après la formation du carré ?

R. Il est arrivé près de nous au moment même de la formation du carré.

D. Quelle partie du carré a-t-il occupé ?

R. Le milieu.

D. Commandait-il donc le carré ?

R. Oui.

D. Est-ce que personne de ceux qui sont retournés ici n'était avec vous dans le carré ?

R. Personne n'est retourné de captivité en même temps que moi; mais je ne sais si quelqu'un de mes compagnons d'armes n'est pas rentré en Égypte avant ou après moi.

D. Quels étaient les appointements de Hassan-Bey?

R. 60 Livres égyptiennes, environ.

D. Combien de Livres en plus de soixante?

R. Je ne puis préciser.

D. Comment savez-vous alors que Hassan-Bey avait une allocation de 500 Piastres tarifs en sus de ses appointements ?

R. Parce que tout le monde le répétait; lorsqu'il est devenu Miralaï, il a demandé que ce supplément de solde lui fût maintenu et il a continué à le recevoir.

D. Qu'avez-vous fait de vos armes ? Les avez-vous brisées ?

R. Non; l'ennemi nous les enlevait au fur et à mesure que nous tombions dans ses mains.

Questions de la Cour.

D. Où était El-Saïd-Effendi-Amin quand vous avez formé le carré ?

R. Il était dans son logement, blessé.

D. Depuis quand était-il blessé?

R. Depuis le samedi 3 janvier, quand nous sommes sortis par la porte Messalamieh pour repousser l'ennemi. C'est dans cette sortie qu'il a gagné le grade de Bimbachi; car, ce jour-là, le Bachinghi-Alaï avait fait une expédition heureuse contre l'ennemi, pendant que le Bringhi-Alaï protégeait la ligne.

D. Sous le commandement de qui étiez-vous ce jour-là?

R. D'El-Saïd-Effendi-Amin lui-même, avec des Bachi-bouzouks.

D. Est-ce que personne des deux Boulouks qui ont formé le carré n'est revenu ici?

R. Je me rappelle avoir vu ici Mohamed-Effendi-Ismaïl qui était Mélasim au 4e Boulouk.

D. Connaissez-vous un certain Husseïn-Aggour-Youssef?

R. Oui; je crois qu'il était du 2e Boulouk.

D. Est-ce que le signal ensuite duquel vous avez formé le carré était général?

R. Non; c'était un ordre pour les deux Boulouks seulement.

D. Cependant les quatre Boulouks du Bachinghi-Ala étaient sur la ligne?

R. Oui, mais pas au complet.

D. Pourquoi les deux autres Boulouks n'ont-ils pa formé le carré avec vous?

R. Parce qu'ils combattaient séparément sous les ordres de Farragh-Effendi-Ali, qui est mort.

D. Où étaient ces deux Boulouks?

R. A notre droite.

D. Quand la porte de Messalamieh a-t-elle été ouverte par les rebelles?

R. Dans la journée; nous sommes sortis par cette porte quand on nous a emmenés prisonniers dans le camp des Mahdistes.

D. Comment vous emmenait-on?

R. Nous avions les mains liées derrière le dos et nous étions gardés.

D. Comment avez-vous franchi le fossé?

R. Sur le pont qui était à la porte Messalamieh.

D. Y avait-il avec vous des officiers du Bringhi-Alaï?

R. Oui; trois ou quatre, dont je ne me rappelle pas les noms; ils étaient avec leurs femmes; presque tous les officiers du Bringhi-Alaï étaient mariés.

D. Omer-Ibrahim était-il Turc?

R. Je ne sais; il était très brun; mais je crois qu'il n'était ni Turc, ni noir, ni Soudanais.

D. Comment avez-vous été payé la dernière fois?

R. En bons.

D. Depuis deux mois, au moment de la chute de la ville, on vous payait avec du papier?

R. Oui; on nous payait en papier, mais pas seulement depuis deux mois, depuis bien plus longtemps encore. Toutefois, les soldats, qui se plaignaient amèrement, avaient reçu en décembre la moitié de leur solde en argent comptant.

D. Qui était drogman de Gordon-Pacha?

R. Un homme blond et long, qui portait une canne avec une pomme en métal jaune ; je ne connais pas son nom.

D. Était-il militaire?

R. Je ne sais. Il n'était pas Égyptien.

D. Était-il musulman?

R. Il semblait être Turc ou Européen; mais certainement, il n'était pas Égyptien.

D. Pouvez-vous nous dire quels étaient les officiers de votre carré?

R. Ibrahim-Effendi-Salah, Youssef-Effendi-El-Dib, Ibrahim-Effendi-El-Nagar et El-Sayed-Effendi-El-Khola; ils sont morts.

D. Où était la position d'Omer-Ibrahim sur la ligne?

R. Du côté de Bouri.

D. Quand a-t-il déserté?

R. Une dizaine de jours avant la chute; je ne me rappelle pas très exactement.

D. Est-ce que Farragh-Pacha était prisonnier avec vous?

R. Oui ; il était avec nous.

D. Comment a-t-il été tué?

R. Un ordre de Wlad-el-Nedjoumi à l'Émir qui nous gardait l'a appelé à Khartoum; il y a été dépouillé de tous ses biens. Depuis lors il n'est plus revenu, et je ne l'ai pas revu.

D. Qu'avez-vous entendu dire à ce sujet?

R. On disait que Farragh-Pacha ayant fait mettre à mort des personnes de Khartoum qui complotaient avec l'ennemi, celui-ci avait voulu s'en venger.

D. Quelle est la cause occasionnelle de l'entrée de l'ennemi dans Khartoum?

R. Probablement Omer-Ibrahim.

D. Comment connaissiez-vous l'état de misère de Hassan-Bey, puisque vous ne le voyiez pas mendier?

R. Je vendais de l'eau et je le voyais misérable.

D. Quel était le nombre des assaillants?

R. Ils étaient plus de 50,000.

D. Vous avez dit que vous encaissiez une Piastre tarif par semaine et qu'elle vous était versée par le Bet-el-Mal; quelle valeur représentait cette piastre?

R. Quatre piastres de cuivre.

D. Pourquoi vous payait-on cela?

R. Parce que nous nous étions plaints de mourir de faim.

D. Est-ce qu'on payait aussi cette piastre aux officiers?

R. A tous les officiers.

D. Avez-vous su que l'ennemi était aussi entré dans Khartoum par le Nil Bleu?

R. Je sais qu'il est entré d'abord par le Nil Blanc; mais sur toute la ligne on faisait feu et la nuit était noire.

D. Qui commandait la ligne du côté du Nil Blanc?

R. Osman-Bey-Hichmet et Youssef-Effendi-Effat.

D. Est-ce que Osman-Bey-Hichmet n'était pas sous le commandement de Hassan-Bey?

R. Je ne le crois pas, au point de vue de la défense; mais, pour les choses administratives, il recevait des ordres de Hassan-Bey, qui commandait tout le Bachinghi-Alaï. Pour la défense proprement dite, Osman-Bey relevait directement du Commandant en chef.

L'audience est levée. La prochaine séance est fixée au 4 juillet.

AUDIENCE DU 4 JUILLET

Audition du 2e témoin à décharge, Mahmoud-Effendi-El-Saïd, Boulouk-bachi[1] du Ourdi d'Ahmed-Bey-Abou-El-Kasim, dépendant du Bringhi-Alaï.

Examen du témoin par la défense.

D. Étiez-vous à Khartoum?

R. Oui.

D. Y étiez-vous le jour de la chute de cette ville?

R. Oui.

D. Quel était votre emploi?

R. Boulouk-bachi d'un Ourdi.

D. Qui était votre chef direct?

R. Ahmed-Bey-Abou-El-Kasim.

D. Connaissez-vous Hassan-Bey-Benhassaoui?

R. Oui.

D. Qu'était-il?

R. Miralaï.

D. Est-ce que Gordon-Pacha lui avait réellement donné le grade de Miralaï?

R. Oui.

Incident.

S. E. Moukhtar-Pacha demande la parole et déclare à la Cour que son devoir de Prosécutor lui impose de

1. Bach, Bachi, chef.

faire connaître la vérité sur tout ce qu'il sait, pour ou contre l'accusé. Or il sait pertinemment que Gordon-Pacha avait accordé à Hassan-Benhassaoui le grade de Miralaï. Cela résulte d'un état en date du 24 Chawal 1301, correspondant au 16 août 1884, N° 31, envoyé par Gordon-Pacha au Ministère de la Guerre et portant des promotions pour soixante et un officiers, parmi lesquels figure Hassan-Benhassaoui. Cet état a été communiqué au Conseil des Ministres. Le Prosécutor prie donc la Cour de ne plus admettre de question à ce sujet, afin d'éviter une perte de temps bien inutile; mais il prie aussi la Cour de lui permettre de n'attribuer à Hassan-Bey, pendant le cours des débats, que le titre de Bimbachi, le seul qui lui soit reconnu officiellement par le gouvernement. Cela ne pourra, en aucun cas, priver Hassan-Bey d'un droit quelconque.

Borelli-Bey déclare qu'il ne posera plus cette question, puisque le fait est reconnu. Mais il prie la Cour de vouloir bien prendre acte de la déclaration de S. E. Moukhtar-Pacha. La défense continuera d'ailleurs à donner à Hassan-Bey le titre de Miralaï qui lui appartient!

L'incident est clos. L'audition du 2e témoin à décharge est reprise.

D. Par qui l'alarme a-t-elle été donnée?

R. Après avoir fait ma ronde de nuit, je dormais; mes compagnons m'ont réveillé en me disant que le « zinhar » (signal d'alarme) venait d'être donné du côté du Nil Blanc. Au même instant, j'ai entendu la canonnade et la fusillade.

D. Comment le Bachinghi-Alaï s'est-il comporté au moment de l'assaut?

R. Très bien; il s'est vaillamment battu.

D. Savez-vous combien il y a eu de morts du Bachinghi-Alaï et du Bringhi-Alaï?

R. Beaucoup de l'un et de l'autre; mais le Bachinghi-Alaï a eu plus de morts.

D. Avez-vous entendu de nombreux coups de canon et une vive fusillade du côté du Nil Blanc?

R. Oui.

D. Est-ce que les Mahdistes, le jour de la chute, laissaient les armes à côté des morts?

R. Oui; ils les ont laissées d'abord; mais je n'ai pas vu ce qui s'est passé dans la journée, après le massacre.

D. Y avait-il des désertions dans le Bachinghi-Alaï?

R. Non.

D. Y a-t-il eu désertion de réguliers dans le Bringhi-Alaï?

R. Oui; certains Soudanais ont réussi à passer à l'ennemi; d'autres ont été pris; vingt-deux, je crois, ont été fusillés.

D. De quelle race étaient les hommes du Bringhi-Alaï?

R. Ils étaient Soudanais, sauf quelques officiers qui étaient mulâtres.

D. Est-ce que ces troupes avaient été recrutées et instruites au Soudan?

R. Oui.

D. Savez-vous si Gordon-Pacha était mécontent du Bachinghi-Alaï?

R. Non.

D. A-t-on jamais payé de préférence la solde du Bringhi-Alaï?

R. Non; on payait la solde sur un pied d'égalité.

D. Connaissez-vous certains faits d'armes, bons ou mauvais, du Bachinghi-Alaï, avant la chute de Khartoum?

R. Oui.

D. Le Bachinghi-Alaï a-t-il jamais remporté quelque succès?

R. Oui; il a même obtenu des promotions à cause de succès remportés au commencement du mois de janvier.

D. Jusqu'à quand distribua-t-on des vivres?

R. Jusqu'au 10 janvier environ; on mangea ensuite le cœur des dattiers et même du bois.

D. Et de la gomme?

R. On en a mangé avant de manger le cœur des dattiers.

D. Dans quel état étaient les soldats?

R. Sans aucune force.

D. Que sont devenus, en général, les hommes du Bringhi-Alaï, au Soudan?

R. Beaucoup ont pris les armes au service du Mahdi.

D. Savez-vous s'il était alloué à Hassan-Bey-Benhassaoui une somme de 500 Piastres tarifs par mois, en plus de ses appointements?

R. Oui.

D. Savez-vous pourquoi?

R. Je ne sais pas. Vous pouvez vous renseigner à ce sujet auprès de Noshi-Pacha.

D. Avez-vous vu Hassan-Bey-Benhassaoui en captivité?

R. Oui.

D. Y était-il avant vous?

R. Nous avons été faits prisonniers le même jour.

D. L'avez-vous vu emmener prisonnier?

R. Oui; nous avons été tous conduits ensemble au camp des ennemis par la porte Messalamieh.

D. Dans quel état était-il?

R. Il était attaché.

D. Voyait-on qu'il avait été frappé?

R. Au moment de la sortie par la porte Messalamieh, je ne l'ai pas vu frapper.

D. Est-il resté ensuite avec les prisonniers ou est-il retourné à Khartoum?

R. Après trois jours, on l'a ramené dans Khartoum.

D. Et quand est-il revenu au camp des prisonniers?

R. Je ne l'ai revu que sept ou huit jours après.

D. Quand vous l'avez revu, en quel état était-il?

R. Il était blessé, couvert de traces de coups et de sang.

D. Savez-vous ce qu'on lui a fait?

R. J'ai entendu dire qu'on l'avait frappé et qu'on l'avait plongé dans des puits de fosses d'aisances pour lui faire déclarer où étaient ses biens et les lui enlever.

D. Savez-vous ce que sont devenues les femmes et la fille de Hassan-Bey-Benhassaoui?

R. Les Mahdistes les ont prises.

D. Combien de temps êtes-vous resté en captivité?

R. Neuf mois.

D. Qui s'est sauvé le premier, vous ou Hassan-Bey?

R. Moi.

D. Hassan-Bey a-t-il jamais changé de situation pendant sa captivité?

R. Non, jamais.

D. Avez-vous entendu dire que Hassan-Bey-Benhassaoui avait trahi?

R. Non.

D. Est-ce que les Mahdistes allouaient de l'argent aux prisonniers?

R. Non.

D. Est-ce qu'ils n'en donnaient pas non plus à Benhassaoui-Bey?

R. Pas à ma connaissance.

D. Connaissez-vous un certain Omer-El-Feki-Ibrahim?

R. Oui.

D. Qu'était-il?

R. Sandjak.

D. Sur quelle partie de la ligne et sous quel commandement?

R. Du côté de la 1re Compagnie du Bringhi-Alaï.

D. Qu'a-t-il fait et qu'est-il devenu?

R. Il s'est sauvé.

D. Quand cela?

R. Moins d'un mois avant la chute de la ville.

D. Est-ce que Gordon-Pacha et Farragh-Pacha avaient appris cette désertion?

R. Oui.

D. Avez-vous su ce qu'est devenu cet Omer-Ibrahim?

R. Il est bien, là-bas.

D. Omer-Ibrahim a-t-il jamais fait partie du Bachinghi-Alaï?

R. Non.

D. Par où est-il sorti?

R. Par l'endroit où il était de garde.

D. Savez-vous où était cet endroit?

R. Entre Kalakla et Messalamieh.

D. Savez-vous par quelle porte il est sorti?

R. Non.

D. Savez-vous en combien de commandements était divisée la ligne de défense?

R. Oui ; en quatre commandements.

D. Veuillez nous les indiquer.

R. De Bouri jusqu'auprès de la porte Messalamieh, Behkit-Bey-Petracchi, — de là jusqu'auprès de la porte Kalakla, Mohamed-Bey-Ibrahim, — de la porte Kalaklà jusqu'à l'Ourdi de Nasr-Bey, Hassan-Bey — et de là jusqu'au Nil Blanc, Osman-Bey-Hichmet.

D. Est-ce que Ibrahim-Bey ne dépendait pas de Behkit-Bey et Hichmet de Hassan-Bey?

R. Administrativement, oui; mais pour la défense, non.

D. Quel était le nombre d'hommes de toutes les troupes à Khartoum?

R. En tout, réguliers et irréguliers, environ 6,000 hommes.

D. Le jour de la chute de Khartoum, combien y avait-il de soldats sur la ligne de défense?

R. Je ne sais pas.

D. Quel était le nombre des Mahdistes assaillants?

R. Ils étaient très nombreux, mais je ne puis pas préciser. Je pense qu'ils étaient environ 40,000.

D. Avez-vous vu Hassan-Bey-Benhassaoui mendier?

R. Oui, je l'ai vu mendier.

Contre-examen du témoin par le Prosécutor.

D. Quand vous avez entendu le signal d'alarme, avez-vous remarqué s'il était « zinhar » ou « cabsa[1]. »

1. Zinhar, signal d'alarme. — Cabsa, signal d'assaut par surprise.

R. « Zinhar » et non « cabsa ».

D. Où vous trouviez-vous, sur la ligne?

R. Du côté de Bouri.

D. Quelle distance y avait-il de votre position à la porte Messalamieh?

R. Comme d'ici (Ministère des travaux publics) au Ministère des Finances[1].

D. Et de la porte Messalamieh à Kalakla?

R. Comme de l'Esbekieh à la citadelle[2].

D. Quelle distance de Kalakla à la position de Nasr-Bey?

R. Comme d'ici à Abdin[3].

D. Et de Nasr-Bey à l'endroit d'entrée du Nil Blanc?

R. Également comme d'ici à Abdin.

D. Avez-vous vu les morts de vos yeux?

R. Oui.

D. Les coups de canon que vous avez entendus du côté du Nil Blanc partaient-ils de nos canons ou de ceux de l'ennemi?

R. De nos canons; l'ennemi était venu sans canons.

D. Savez-vous ce que c'est qu'une trahison? — Expliquez-nous ce que vous entendez par le mot trahison?

R. Par le mot trahison, je comprends le fait d'avoir comploté avec l'ennemi, d'avoir eu des relations avec lui et d'avoir agi contre les ordres de ses chefs ou l'intérêt du Gouvernement que l'on sert.

D. Hassan-Bey faisait-il tout ce qu'il pouvait dans

1. Environ sept cents mètres.
2. Environ deux mille mètres.
3. Environ mille deux cents mètres.

l'intérêt et pour le bien du Gouvernement? En êtes-vous sûr?

R. Oui.

D. Savez-vous si Hassan-Bey a télégraphié à Gordon-Pacha au moment de l'entrée de l'ennemi?

R. Je n'en sais rien.

D. Savez-vous ou avez-vous vu comment on s'est battu et si on a formé des carrés?

R. Je sais qu'on s'est bien battu et qu'on se réunissait dix, trente, quarante ou cent pour se défendre ensemble.

D. Étiez-vous sous le commandement de Hassan-Bey?

R. Non.

D. Avez-vous vu des traces de coups sur Hassan-Bey? — Comment pouvait-on voir cela?

R. Oui, et c'était d'autant plus facile à voir qu'il avait une chemise déchirée au moment où je l'ai remarqué.

D. Vous dites que les Mahdistes ont plongé Hassan-Bey dans le puits des fosses d'aisances...

R. J'ai dit que j'ai entendu cela et non pas que je l'ai vu.

D. Un jour ou deux avant la chute, personne, à Bouri, n'a-t-il parlé de la livraison de la ville?

R. Non.

Questions de la Cour.

D. Que mangiez-vous avant la gomme?

R. Du biscuit; au commencement, on nous en faisait des distributions normales. Mais ensuite on nous l'a distribué avec beaucoup de parcimonie.

D. Jusqu'à quel jour a-t-on distribué des vivres?

R. Jusqu'à la fin de décembre; mais ce n'était plus que des dixièmes de ration.

D. Dans cette période de distributions parcimonieuses, ne vous a-t-on pas donné, un jour, une ration entière?

R. Non.

D. L'assaut a-t-il eu lieu de jour ou de nuit?

R. De nuit.

D. Omer-Ibrahim était-il sous le commandement de Behkit-Bey-Petracchi?

R. Oui.

D. Par où et comment est-il sorti?

R. En passant le fossé.

D. Comment savez-vous cela?

R. Le lendemain, nous l'avons tous appris.

D. Y avait-il des assaillants sur la ligne du côté de Bouri?

R. Non; l'ennemi est venu par derrière.

D. Étiez-vous tous au même endroit, en captivité?

R. Les trois premiers jours, oui; ensuite, non.

D. Qui avez-vous vu du Bringhi-Alaï?

R. Serour-Pacha, de la 3e Compagnie du Bringhi-Alaï, un Officier nommé Hassan-Husni, un autre Officier nommé Mohamed-Ali.

D. Et qui avez-vous vu du Bachinghi-Alaï?

R. Je ne connais pas tous ceux que j'ai vus.

D. Comment savez-vous qu'il n'y a pas eu de trahison?

R. Parce que je n'en ai jamais entendu parler. Nous étions tous sur la même ligne; nous aurions su pareille chose, si elle avait existé.

D. En captivité, n'avez-vous pas entendu parler de trahison?

R. Non.

D. Est-ce que les Mahdistes ne vous donnaient pas une Piastre tarif par semaine?

R. Ils donnaient des secours aux femmes et à quelques personnes qui réclamaient, mais pas à tous les hommes de troupes.

D. Pourquoi donnait-on cette piastre?

R. Par charité.

D. Vous ne l'avez pas reçue?

R. Non; quand j'ai pétitionné pour l'obtenir, les Mahdistes m'ont frappé en me disant que je devais attendre que mon cœur soit purifié et que ma foi soit consolidée dans la religion du Mahdi!

Audition du 3e témoin à décharge, Ismaïl-Agha-Hassan-El-Toubghi, Bimbachi-Bachibouzouk du Ourdi d'Abdalla-Bey-Ismaïl, dépendant du Bachinghi-Alaï.

Examen du témoin par la défense.

D. Étiez-vous à Khartoum?

R. Oui.

D. Qu'y faisiez-vous?

R. J'y étais Bimbachi-Bachibouzouk.

D. Étiez-vous sur la ligne de défense?

R. Oui.

D. Connaissez-vous Hassan-Bey-Benhassaoui?

R. Oui.

D. Qu'était-il?

R. Miralaï.

D. De quel Alaï?

R. Du Bachinghi-Alaï.

D. Dépendiez-vous de son commandement?

R. Oui; je dépendais du Bachinghi.

D. Où était votre position sur la ligne?

R. J'étais du côté du Nil Blanc.

D. Veuillez nous raconter ce qui s'est passé le jour de la chute?

R. L'ennemi nous a assaillis; il a pénétré par l'endroit non retranché. Quand il a fondu sur les soldats qui mouraient de faim et qui n'avaient plus la force nécessaire pour les repousser victorieusement, il est entré dans la ville et l'a prise.

D. Mais les troupes l'ont-elles laissé entrer ou bien se sont-elles battues?

R. Elles se sont battues tant qu'elles ont pu.

D. Pourquoi et comment y avait-il un endroit non retranché?

R. Parce que le Nil avait comblé le fossé pendant la crue et qu'on n'avait pas pu le rétablir parce que l'ennemi avait installé une batterie qui tirait sur les terrassiers; Gordon-Pacha avait lui-même ordonné d'abandonner cet ouvrage.

D. Avez-vous vu Hassan-Bey le jour de l'assaut?

R. Oui; je l'ai vu quelques heures avant l'assaut; il inspectait la ligne dans la nuit même où les Mahdistes sont entrés.

D. Comment l'avez-vous vu?

R. Je l'ai vu, de mes yeux vu. En faisant son inspection, il est venu jusqu'à moi.

D. N'avez-vous jamais entendu dire par des Officiers ou par vos camarades qu'on se plaignait de Hassan-Bey, ou que Hassan-Bey manquait à ses devoirs?

R. Non, jamais.

D. Avez-vous vu Hassan-Bey au moment de l'assaut?

R. Non, je ne l'ai pas vu.

D. N'avez-vous pas entendu vos camarades ou des Officiers raconter ce qu'avait fait Hassan-Bey au moment de l'assaut?

R. Oui; il donnait des ordres à toutes les troupes qui relevaient de lui.

D. Qui vous a dit cela?

R. Des Officiers.

D. Connaissez-vous des ordres donnés par Hassan-Bey avant l'assaut?

R. Je sais qu'il a passé chez nous dans son inspection du soir pour en donner.

D. Avez-vous entendu dire ce que faisait Hassan-Bey dans le fortin au moment où a commencé l'assaut?

R. Oui; il y a combattu. J'ai entendu la canonnade du fortin.

D. Est-ce que le Bachinghi-Alaï faisait quelquefois des sorties?

R. Oui; il est sorti dans l'affaire contre Wlad-el-Tourabi, et dans celles du jeudi et du samedi, — un mois environ avant la chute.

D. Est-ce que le Bachinghi-Alaï a battu Wlad-el-Tourabi ou a été battu par lui?

R. Le Bachinghi-Alaï est retourné après avoir battu Wlad-el-Tourabi.

D. Avez-vous vu Hassan-Bey en captivité?

R. Oui.

D. Dans quel état était-il?

R. Dans un état pitoyable; il était nu-tête, nu-pieds; il n'avait qu'une chemise et un caleçon.

D. L'avez-vous vu mendier?

R. Oui; je l'ai vu mendier.

D. Est-ce que Hassan-Bey recevait de l'argent de Bet-el-Mal?

R. Je ne le sais pas.

D. Combien de temps êtes-vous resté en captivité?

R. Vingt-quatre mois.

D. Et Hassan-Bey?

R. Également.

D. Le voyiez-vous souvent?

R. Oui.

D. L'avez-vous vu frapper et maltraiter?

R. Oui; je l'ai vu, un jour, frapper et maltraiter.

D. Que sont devenues ses femmes et sa fille?

R. Elles ont été enlevées par le Mahdi.

D. Est-ce que Hassan-Bey n'aurait pas pu revenir plus tôt?

R. Non. En captivité il était activement surveillé.

D. Alors, comment a-t-il pu s'enfuir?

R. Quand il y a eu négligence de la part de ses gardiens.

D. Comment savez-vous qu'il y a eu négligence de la part de ses gardiens, et en quelle circonstance cette négligence s'est-elle produite?

R. A l'occasion d'un jour de fête, de la grande fête[1].

D. Est-ce que Hassan-Bey n'avait pas changé d'état avant de s'évader?

R. Non.

D. Est-ce qu'il s'est sauvé avant vous?

R. Oui.

D. Est-ce que les Mahdistes s'en étaient aperçu?

1. Courban-Baïram.

R. Oui.

D. Qu'avaient-ils fait ?

R. Ils l'avaient recherché.

D. Et, depuis lors, vous n'avez revu Hassan-Bey qu'ici ?

R. Non; je l'ai revu en Abyssinie[1].

D. En quelle partie de l'Abyssinie, en quelle ville ?

R. A El-Ghaït, chez Eguel.

S. E. Moukhtar-Pacha dit qu'El-Ghaït indique, dans le langage des habitants du Soudan, la région de Walkyd.

Le Prosécutor ajoute qu'il n'a aucune question à poser au témoin.

Questions de la Cour.

D. Quand le signal d'alarme fut donné, qu'avez-vous fait dans votre Ourdi ?

R. Ceux qui ont pu se lever se sont levés ; ceux qui ne l'ont pas pu sont restés couchés ; nous mourions de faim.

D. Comment savez-vous que Gordon avait donné ordre de renoncer à réparer la partie détruite du fossé ?

R. Parce que j'y travaillais moi-même.

D. Y travaillait-on de nuit ?

R. Non.

D. Qui était le Sandjak de votre Ourdi ?

R. Abdalla-Bey-Ismaïl.

D. Est-ce que les Bachibouzouks étaient à côté de leur Sandjak ?

R. Oui ; nous étions auprès de notre Sandjak.

D. Est-ce que votre Sandjak n'a pas été mis en prison ?

1. Hassan-Bey, comme plusieurs autres Égyptiens prisonniers du Mahdi, ne put se sauver qu'en traversant l'Abyssinie et en gagnant les côtes de la mer Rouge.

R. Oui. Le Commandant l'a un jour mis en prison.

D. Savez-vous pourquoi ?

R. Non.

D. Quel est le Commandant qui a fait emprisonner votre Sandjak ?

R. Hassan-Bey-Benhassaoui.

D. Où l'a-t-il fait emprisonner ?

R. A la prison de l'Alaï.

D. Pendant combien de temps est il resté en prison ?

R. Six ou sept jours.

D. Par ordre de qui a-t-il été relâché ?

R. Je ne le sais pas.

D. Vous ne savez pas pourquoi votre Sandjak a été puni ?

R. Je ne le sais pas.

D. Est-ce que le jour de la chute de Khartoum votre Sandjak était sur la ligne ?

R. Oui.

D. Où était Hassan-Bey au moment de l'assaut?

R. Dans le fortin.

D. Où était situé ce fortin?

R. Près de Kalakla.

D. Quand Hassan-Bey faisait-il ses inspections?

R. Tous les jours et toutes les nuits.

D. Sous le commandement de qui était le Bachinghi-Alaï dans la sortie contre Wlad-el-Tourabi ?

R. Sous le commandement de Saïd-Bey-Amin, qui commandait deux Boulouks.

L'audience est levée et la prochaine séance fixée au lendemain, 5 juillet.

AUDIENCE DU 5 JUILLET

Audition du 4e témoin à décharge, Ibrahim-Effendi-Hassanein, Mélasim-Tani de la 4e Compagnie du Bringhi-Alaï.

Examen du témoin par la défense.

D. Étiez-vous à Khartoum ?

R. Oui.

D. Quel était votre emploi ?

R. Mélasim-Tani au Bringhi-Alaï.

D. Étiez-vous sur la ligne de défense le jour de la chute de la ville ?

R. Oui.

D. Connaissez-vous Hassan-Bey-Benhassaoui ?

R. Oui.

D. Quel était son grade ?

R. Miralaï du Bachinghi-Alaï.

D. Quel était votre chef direct ?

R. Le Bimbachi Suleiman-Effendi-Nachar.

D. Quelle était votre position sur la ligne ?

R. Entre Messalamieh et Kalakla, près du Bachinghi-Alaï.

D. Savez-vous si Hassan-Bey était un Officier diligent, dévoué à son service et au gouvernement ?

R. Oui.

D. Comment savez-vous cela ?

R. Parce qu'il inspectait la ligne, donnait des instructions aux troupes et les encourageait à la résistance.

D. Inspectait-il souvent sa section? Une fois par semaine, par exemple?

R. Personnellement je l'ai vu en tournée d'inspection une ou deux fois par mois.

D. Hassan-Bey inspectait donc la section du Bringhi-Alaï?

R. Non; maisje l'ai vu à la limite de son commandement.

D. Quelle distance y avait-il entre Kalakla et l'endroit où vous étiez posté?

R. Cent mètres environ.

D. Vous entendiez dire qu'il inspectait?

R. Je le voyais.

D. Où était l'endroit où se trouvait d'ordinaire Hassan-Bey quand il ne faisait pas son inspection?

R. A Kalakla.

D. Comment donc le voyiez-vous inspecter près du Nil Blanc?

R. Parce qu'il n'y avait pas une grande distance entre l'extrémité de sa section et mon poste — et que la ligne était droite.

D. Y avait-il près du Nil Blanc une partie du fossé et du retranchement détruite?

R. Oui, à la suite de la crue du Nil. Les eaux du Nil l'avaient couverte, et le terrain était sablonneux.

D. Comment le Nil avait-il détruit cette partie de la ligne de défense, et qu'entendez-vous exactement par le mot « destruction »?

R. Les eaux avaient causé l'éboulement du retranchement en terre et le fossé avait été par conséquent remblayé.

D. Hassan-Bey inspectait-il la ligne jusqu'à l'endroit détruit?

R. Oui.

D. Hassan-Bey a-t-il fait quelque chose pour la partie détruite ?

R. Il la fit réparer.

D. Comment pouvez-vous savoir cela, alors que votre position était si éloignée ?

R. Nous allions y travailler. Nous étions réquisitionnés par l'Alaï, et nous voyions Hassan-Bey sur les lieux.

D. Avait-on effectivement réparé cette partie de la ligne ?

R. En partie seulement.

D. Pourquoi ?

R. Parce que les rebelles tiraient sur nos hommes et les tuaient.

D. Est-ce pour cette seule raison qu'on avait cessé les travaux ?

R. Oui, — et par ordre de Gordon-Pacha.

D. Y eut-il de vos hommes tués quand vous alliez travailler à la réfection de l'ouvrage ?

R. Oui, trois.

D. En combien de jours ?

R. En un seul jour.

D. Quand on réparait cette partie de la ligne de défense, le terrain restait-il dans l'état où les ouvriers le laissaient ?

R. Non ; le terrain s'affaissait de lui-même.

D. Jusqu'à quel moment a-t-on travaillé à la réparation de cette partie de la ligne ?

R. Jusqu'à la fin de décembre.

D. Savez-vous qui a donné l'ordre de cesser les travaux ?

R. Oui, Gordon-Pacha.

D. Comment le savez-vous?

R. Par les ordres qui nous ont été communiqués.

D. Où était Hassan-Bey la nuit de la chute de la ville et au moment de l'assaut?

R. Sur la ligne.

D. Et vous?

R. A mon poste.

D. Sur quelle partie de la ligne était Hassan-Bey, la nuit de la chute et au moment de l'assaut? Précisez.

R. A « Utchinghi tabia » (troisième fortin), à Kalakla.

D. Avez-vous vu, au moment de l'assaut, ce qu'a fait Hassan-Bey?

R. Nous avons entendu le bouri (clairon) sonner le zinhar (signal d'alarme) à Kalakla. Une demi-heure après, nous avons entendu deux coups de canon tirés du fortin de Kalakla; puis une fusée, et bientôt après toute la ligne a fait feu.

D. Quand toute la ligne a fait feu, que se passait-il dans le fortin de Kalakla?

R. On tirait le canon.

D. Sur quel point tirait-on?

R. Sur le travers.

D. Par où sont entrés les rebelles?

R. Par le Nil Blanc.

D. Où se sont dirigés les rebelles, quand ils sont entrés dans Khartoum?

R. Sur le long de la ligne, au revers, — et du côté de la ville.

D. Est-ce que les Mahdistes n'ont pas attaqué le front de la ligne?

R. Non.

D. Qu'a fait le Bachinghi-Alaï à l'approche de l'ennemi ?

R. Il a d'abord fait feu; puis, il s'est formé en carré.

D. Quand avez-vous vu qu'un carré avait été formé?

R. A dix heures, à l'arabe, — à l'aube.

D. Au moment de l'assaut, faisait-il nuit ou jour ?

R. Il faisait nuit noire; il était neuf heures, à l'arabe, et la lune avait disparu.

D. Depuis combien de temps la lune avait-elle disparu ?

R. Environ une heure.

D. A quel moment avez-vous pu voir qu'un carré avait été formé?

R. A dix heures, — à l'apparition du jour.

D. Racontez-nous comment vous avez vu le carré.

R. Je l'apercevais, parce qu'il reculait vers nous; il était près de notre position.

D. Est-il arrivé jusqu'à votre position ?

R. Non, mais bien près; à une distance de quelques mètres.

D. En quel état était le carré à cette distance ?

R. Il était encore formé.

D. De combien de soldats était-il composé ?

R. D'environ quarante hommes.

D. Où était Hassan-Bey au moment où vous avez vu ce carré?

R. Au milieu.

D. Comment avez-vous pu l'apercevoir ?

R. J'ai pu l'apercevoir parce qu'il est grand, et je l'ai distingué à cause de son uniforme.

D. Combien s'est-il passé de temps depuis que vous

avez entendu le premier coup de canon jusqu'à la prise de la ville ?

R. Trois heures environ.

D. Savez-vous ce qu'est devenu le carré ?

R. Je ne le sais pas, parce que des forces rebelles nous ont séparés. Elles arrivaient en masse. Je crois qu'elles ont rompu et anéanti le carré.

D. Est-ce que Gordon-Pacha inspectait lui-même la ligne ?

R. Oui ; lui-même, avec son drogman.

D. Est-ce que Gordon-Pacha parlait avec les Officiers, en inspectant la ligne ?

R. Oui ; il leur donnait des ordres.

D. Avez-vous su ou entendu dire que Gordon-Pacha ne fût pas content de Hassan-Bey ?

R. Jamais.

D. Gordon-Pacha avait-il de la considération pour Hassan-Bey-Benhassaoui ? Avait-il confiance en lui ?

R. Oui.

D. Comment le savez-vous ?

R. Quand Gordon venait inspecter chez nous, Hassan-Bey l'accompagnait. Je le sais aussi par les ordres qu'il donnait.

D. Avez-vous été fait prisonnier ?

R. Oui, avec Hassan-Bey.

D. Comment avez-vous été emmené au camp ennemi ?

R. On nous a tous réunis à la porte Messalamieh ; on nous a ensuite conduits au camp des Mahdistes.

D. Comment Hassan-Bey a-t-il été traité ?

R. Il avait les mains liées ; moi, non.

D. Savez-vous ce que sont devenus les femmes, la fille, les biens de Hassan-Bey ?

R. Pris par les rebelles.

D. Comment Hassan-Bey était-il traité en captivité

R. Comme nous.

D. Recevait-il de l'argent de Bet-el-Mal?

R. Je ne le crois pas.

Contre-examen du témoin par le Proséculor.

D. Au moment de l'assaut, quelle est la premièr chose que vous ayez entendue, c'est-à-dire commen avez-vous su qu'il y avait un danger quelconque ou u assaut?

R. Je l'ai su par le « zinhar » que sonnait le bour et par les coups de canon.

D. Avez-vous d'abord entendu le « zinhar » ou le coups de canon?

R. D'abord le « zinhar », puis les coups de canon.

D. D'où sonnait le bouri?

R. Du côté de Kalakla.

D. Vous n'avez donc rien entendu du côté du Ni Blanc?

R. Je n'ai rien entendu.

D. D'où est donc parti le premier coup de canon?

R. De Kalakla.

D. Avez-vous entendu tirer des coups de feu du fort Makran?

R. Non; le Makran était loin de nous.

D. N'avez-vous rien entendu ou rien vu de particulier du côté des retranchements détruits?

R. Rien.

D. Les premiers signaux ont donc été donnés par le fort Kalakla?

R. Oui.

D. Avez-vous vu Hassan-Bey la nuit de la chute?

R. Oui; je l'ai vu faire son inspection.

D. A-t-il inspecté la ligne, ce soir-là?

R. Oui.

D. De quel genre de troupes était formé le carré que vous avez vu?

R. De soldats égyptiens.

D. N'y avez-vous pas remarqué des Soudanais ou des Shaggiehs?

R. Non.

D. Est-ce qu'il n'est pas revenu ici quelqu'un de ceux que vous avez vus dans le carré?

R. Je ne le sais pas.

D. Dans quelle direction marchait le carré?

R. Dans la direction Est.

D. A quelle distance de Messalamieh Hassan-Bey a-t-il été pris?

R. A environ deux cent cinquante mètres.

D. Où était situé le bureau du télégraphe?

R. Loin de nous; au Bringhi-Alaï.

D. Savez-vous si Hassan-Bey a informé Farragh-Pacha de la situation au moment de l'assaut?

R. Oui. J'ai entendu dire cela après la chute.

Incident.

Me Borelli-Bey prie le Président de la Cour de vouloir bien, pour la manifestation de la vérité, inviter le Prosécutor à s'expliquer catégoriquement sur l'existence du télégraphe, — bien que le fait en lui-même ne soit pas d'une grave importance au procès.

S. E. Moukhtar-Pacha, invité par la Cour à fourni les renseignements qu'il possède à ce sujet, déclare tou d'abord que ce point est au contraire capital et il pri la Cour de le considérer comme tel. Il contredit l'allégation de la défense qui voudrait faire de cette circonstance un point d'intérêt secondaire. Il fait ressortir l gravité de la question en établissant que le premier devoir de Hassan-Bey était de donner avis télégraphique Gordon-Pacha et d'informer Farragh-Pacha dès qu'i a connu la situation.

La Cour demande à S. E. Moukhtar-Pacha de vouloi bien lui donner des renseignements précis sur l'existence de la communication télégraphique.

Le Prosécutor déclare qu'il s'en rapporte au mémorandum de Kitchener-Pacha, publié à Londres, dans l Livre Bleu; c'est là qu'il a puisé ses renseignements.

Borelli-Bey relève avec vivacité cette déclaration du Prosécutor et prie la Cour de prendre acte de ce que l'accusation n'a d'autres renseignements à ce sujet que ceux qui lui sont fournis par le rapport de Kitchener-Pacha inséré dans le Livre Bleu. Il en parlera plus tard!

L'incident est clos.

Reprise du contre-examen du témoin.

D. Êtes-vous sûr que Hassan-Bey avait prévenu Farragh-Pacha?

R. Oui; je sais qu'il lui a envoyé un Chawich.

D. Savez-vous si Hassan-Bey, au moment de l'assaut, a reçu des ordres de Gordon-Pacha?

R. Je n'en sais rien et n'ai rien entendu dire à ce sujet.

Questions de la Cour.

D. Dans la nuit de la chute de Khartoum, les assaillants n'ont-ils pas attaqué la ligne de front?

R. Non.

D. Quand le carré reculait dans votre direction, faisait-il jour ?

R. Oui ; c'était déjà l'aube.

D. Quelles manœuvres a faites le Bringhi-Alaï dès qu'il a pu apercevoir le carré formé sous les ordres de Hassan-Bey ?

R. On s'est préparé à se former aussi en carré ; mais l'ennemi a occupé immédiatement la distance qui nous séparait des hommes de Hassan-Bey, de telle sorte que nous n'avons plus revu le carré.

D. Nous vous demandons à vous, Officier, ce que vous avez fait quand vous avez vu le carré de Hassan-Bey arriver à quelques mètres de distance de vous ?

R. Nous nous sommes hâtés d'en former un autre ; mais cela s'est passé au moment même où nous l'avons perdu de vue.

D. Quand vous avez tenté de vous former en carré, à quelle distance étiez-vous des hommes de Hassan-Bey ?

R. Je ne sais exactement ; nous avons voulu former notre carré quand nous avons aperçu celui de Hassan-Bey.

D. Par ordre de qui vous formiez-vous en carré?

R. C'est moi qui ai pris cette initiative.

D. Étiez-vous là seul comme officier ?

R. Il y avait avec moi un Mélasim.

D. Vous étiez donc au milieu de vos hommes? Quelle arme portiez-vous ?

R. Oui; j'avais mon sabre et un fusil.

D. Combien étiez-vous?

R. Une vingtaine d'hommes.

D. Savez-vous quel était le nombre des rebelles assaillants?

R. Ils étaient peut-être cent mille!

D. Quand vous étiez au milieu de vos hommes avez-vous fait usage de votre fusil?

R. Oui; mais j'ai été immédiatement blessé au front; un Chawich m'a en toute hâte bandé la tête. (Le témoin montre, en effet, les traces de sa blessure.)

D. Quelle était la solde des soldats du Bringhi-Alaï?

R. Quarante piastres tarifs par homme.

D. Les hommes du Bringhi-Alaï étaient-ils plus payés que ceux du Bachinghi-Alaï?

R. Je ne sais pas ce que l'on payait au Bachinghi-Alaï.

D. N'avez-vous pas connaissance d'une gratification allouée à votre Alaï par ordre de Gordon-Pacha?

R. Gordon-Pacha avait bien ordonné de nous donner à tous une gratification de douze mois de solde, mais nous n'avons rien reçu.

D. Aucun de vos hommes n'est-il venu au Caire?

R. Non; du moins je n'ai vu aucun d'entre eux.

D. Savez-vous si tous vos compagnons sont morts?

R. Non; quelques-uns ont survécu.

D. Après la chute de Khartoum, n'avez-vous pas entendu raconter ce que Hassan-Bey avait fait au moment de l'assaut?

R. J'ai appris qu'il avait combattu.

D. Comment savez-vous que Hassan-Bey avait informé Farragh-Pacha de la situation en lui envoyant un Chawich?

R. Ce Chawich passa près de nous en revenant; nous lui criâmes : Quelles nouvelles ? Il répondit : J'arrive de chez Farragh-Pacha.

D. Le carré de Hassan-Bey était-il au Nord, au Sud, à l'Est ou à l'Ouest?

R. A l'Ouest de notre position.

D. Sur quel terrain était-il formé ?

R. Sur le revers du retranchement (Biada-Kadama).

D. Je veux savoir avec précision ce que vous avez fait vous-même comme Officier et notamment quel secours vous avez porté au carré de Hassan-Bey, puisqu'il n'était distant de vous que de quelques mètres.

R. Ce témoin explique qu'il a ordonné à ses hommes de former le carré et d'aller au secours de Hassan-Bey; mais qu'au moment où les restes du carré de Hassan-Bey n'étaient qu'à quelques mètres de distance, il lui a été impossible d'aller à son secours parce que les Mahdistes avaient pénétré entre les deux positions.

Le Président reproche au témoin de n'avoir pas trouvé le moyen de secourir utilement le carré de Hassan-Bey et lui pose la question suivante :

D. Pouvez-vous dire à la Cour ce que vous faisiez dans votre position avant d'ordonner la formation du carré ?

R. Nous faisions feu sur les Mahdistes entre la ville et la ligne de défense.

L'audience est suspendue.

Reprise de l'audience.

Audition de S. E. Moustapha-Pacha-Yawer,
ancien Moudir de Dongola, 5e témoin à décharge
(témoin de moralité).

Questions du Président.

D. Connaissez-vous Hassan-Bey-Benhassaoui et pouvez-vous nous dire, sur votre honneur, sur votre foi et sur votre conscience ce que vous savez de son caractère et de sa conduite ?

R. Oui, je connais Hassan-Bey-Benhassaoui ; je le connais comme un homme honnête et loyal. Je l'ai élevé au Sennaar, et pendant tout le temps qu'il est resté sous mes ordres, j'ai constaté qu'il était bon, juste, brave, dévoué au Gouvernement et incapable de trahison ; il réunissait toutes les qualités d'un bon Officier et il se conduisait bien dans sa vie privée.

Borelli-Bey adresse au Pacha la demande suivante :

D. Veuillez dire à la Cour si vous avez connu Hassan-Bey à l'âge d'homme ?

R. A l'âge d'homme, il a eu, sous mes ordres, plusieurs grades jusqu'à Wekil-Bimbachi [1].

Le Président demande au Pacha :

D. Hassan-Bey est-il resté longtemps sous vos ordres ?

R. Pendant plusieurs années, jusqu'au moment de son départ pour le Darfour.

1. Wekil-Bimbachi, Capitaine en second.

Audition du 6e témoin à décharge, Noshi-Pacha, ancien Miralaï du Bachinghi-Alaï (témoin de moralité).

Question du Président.

D. Que savez-vous de la conduite et du caractère de Hassan-Bey-Benhassaoui.

R. Quand nous étions ensemble à Khartoum, où je commandais le Bachinghi-Alaï, — et jusqu'à mon départ, — j'ai constaté que Hassan-Bey était un Officier brave, honorable, fidèle, de bonne conduite et incapable d'une mauvaise action. Consciencieusement, je puis dire cela.

Incident.

Le Prosécutor demande à contre-examiner le témoin. Borelli-Bey s'y oppose, en disant que l'accusation n'a pas à interroger les témoins de moralité, qui ne déposent que sur le caractère et la conduite de l'accusé. L'accusation doit se borner à examiner ou contre-examiner les témoins qui déposent sur les faits de la poursuite. Le contre-examen des témoins doit porter sur les questions posées à l'examen.

S. E. Moukhtar-Pacha objecte que le règlement de procédure militaire, sans contenir un article qui donne le droit au Prosécutor d'interroger un témoin de moralité, ne lui interdit de contre-interroger aucun des témoins présentés par la défense. Le règlement ne fait pas de distinction entre les témoins.

Borelli-Bey réplique qu'aux termes du règlement de procédure militaire, le Prosécutor a le droit de contre-interroger tous les témoins de la défense pour détruire leurs déclarations quand elles ne lui paraissent pas fondées; mais il lui est imposé de n'adresser aux témoins aucune question qui ne soit en corrélation avec celles qui ont été posées par la défense. Au cas actuel, Borelli Bey ne voit pas quelles questions le Prosécutor pourrait formuler.

Le Prosécutor persiste dans ses conclusions et expose à la Cour qu'il s'agit d'une question de principe.

La Cour décide que S. E. Moukhtar-Pacha pourra contre-interroger le témoin, sans sortir du cadre des questions posées par la défense.

Contre-examen du témoin par le Prosécutor.

D. Pendant combien de temps avez-vous été en relations avec Hassan-Bey-Benhassaoui?

R. Je ne puis préciser; mais approximativement jusqu'au jour de mon départ de Khartoum, c'est-à-dire jusqu'au 1er octobre 1884. Je répète que Hassan-Bey a toujours fait preuve des qualités d'un bon Officier.

Question de la Cour.

D. Hassan-Bey était-il au Bachinghi-Alaï quand vous le commandiez?

R. Oui.

Audition du 7e témoin à décharge, Osman-Effendi-Hamdouk.

Examen du témoin par la défense.

D. Étiez-vous à Khartoum le jour de la chute ?

R. Oui.

D. Avez-vous vu l'ennemi entrer dans Khartoum ?

R. Oui ; j'étais dans mon jardin quand j'ai entendu les cris que poussaient les Mahdistes et les coups de feu. J'ai envoyé un de mes domestiques sur la terrasse, au troisième étage de la maison, pour savoir ce qui se passait; une première fois, il descendit sans pouvoir me renseigner ; mais une seconde fois, il redescendit précipitamment et me fixa sur l'événement. Alors je montai moi-même et je vis l'ennemi entrer dans Khartoum.

D. Par où l'ennemi entrait-il dans Khartoum ?

R. Par le Nil Blanc et par Bouri.

D. Savez-vous ce que faisait Gordon-Pacha et avez-vous eu des renseignements sur ses actes ?

R. Oui; j'avais des renseignements sur les actes de Gordon par mon neveu qui était son drogman.

D. Savez-vous quels rapports existaient entre Gordon-Pacha et Hassan-Bey ?

R. Oui; de très bons rapports. Gordon s'était même fait prêter personnellement cent cinquante livres par Hassan-Bey.

D. Quand cela ?

R. Vers le commencement de janvier, — le 1er ou le 2 du mois.

D. Donc les rapports de Gordon-Pacha et de Hassan-Bey étaient bons et personnels ?

R. Certainement.

D. Est-ce que ces rapports se sont modifiés à un moment quelconque ?

R. Non, jamais.

D. Avez-vous vu votre neveu la veille de la chute de Khartoum ?

R. Oui.

D. Votre neveu vous a-t-il dit que Gordon-Pacha craignait une trahison ?

R. Non.

D. Combien de drogmans avait Gordon-Pacha ?

R. Deux.

D. Votre neveu était-il l'un de ces deux ?

R. Oui.

D. Est-ce que vous avez été fait prisonnier ?

R. Oui.

D. Après la chute de Khartoum, n'avez-vous pas entendu dire par des personnes de l'entourage de Gordon qu'une trahison aurait été commise ?

R. Non ; je n'ai rien entendu de cela.

D. Avez-vous vu Hassan-Bey prisonnier ?

R. Oui.

D. Savez-vous comment les Mahdistes ont traité Hassan-Bey ?

R. Hassan-Bey était considéré comme riche ; les Mahdistes l'ont frappé, l'ont plongé dans le puits des fosses d'aisances pour se faire livrer par lui tout ce qu'il possédait. Hassan-Bey mendiait pour vivre, ensuite.

D. Avez-vous vu vous-même les Mahdistes frapper Hassan-Bey ?

R. Oui, j'ai vu des Mahdistes frapper Hassan-Bey. Ils m'ont fait souffrir moi-même et m'ont brûlé la tête avec un fer chaud.

D. Comment Hassan-Bey pouvait-il mendier, alors que Bet-el-Mal lui servait un secours de dix talaris par semaine ?

R. Dix talaris par semaine ? — Je n'ai ni vu, ni entendu cela.

D. Est-ce que la fille de Hassan-Bey-Benhassaoui n'a pas été épousée par le Mahdi ?

R. Non, elle a été enlevée comme esclave et violée par le Mahdi. La femme de Hassan-Bey était la fille d'Abdul-Salam-el-Chamé.

Réponse du témoin au contre-examen du Prosécutor.

D. Est-ce qu'il y avait de l'eau dans le fossé de la ligne de défense ?

R. Oui, quand le Nil montait ; puis, de la boue. Cela, surtout dans la partie de la ligne qui s'étendait de Kalakla au Nil Blanc.

Questions de la Cour.

D. Où était Hassan-Bey quand les Mahdistes le frappaient ?

R. A Bet-el-Mal, où il devait consigner ses biens.

D. Où était établi Bet-el-Mal ?

R. Près de la Zaptieh [1].

D. Depuis le jour de la chute de Khartoum, n'avez-vous plus entendu des coups de canon ?

R. Oui ; — le troisième jour après la chute de la ville, les batteries de Khartoum tiraient sur des bateaux qu'on apercevait de loin montés par des soldats anglais.

1. Prison.

D. Avez-vous, de vos yeux, vu l'ennemi entrer par Bouri et par le Nil Blanc ?

R. Oui.

D. Quand et comment cela ?

R. C'est de ma terrasse que je l'ai vu, après l'apparition du jour ; j'étais au troisième étage de ma maison.

D. Avez-vous vu les Mahdistes au moment où ils franchissaient la ligne du côté de Bouri ?

R. Non ; mais je les ai vus se précipiter dans la ville, venant du côté de Bouri.

D. Expliquez-nous bien comment vous avez vu cette invasion de l'ennemi dans la ville ?

R. J'ai vu l'ennemi se précipiter dans la ville en deux colonnes, l'une venant de Bouri et se dirigeant sur le Palais ; — l'autre venant du Nil Blanc, visant la même direction.

D. Mais vous n'avez pas vu les Mahdistes franchir la ligne de défense du côté de Bouri ?

R. Non.

Borelli-Bey prie la Cour de noter que le témoin qui vient d'être interrogé est le même Osman-Hamdouk qui, d'après la déposition de l'un des principaux témoins à charge, était spécialement recherché par les Mahdistes qui voulaient le massacrer comme l'un des plus fidèles serviteurs de Gordon-Pacha !

L'audience est levée. La prochaine séance est fixée au 11 juillet.

AUDIENCE DU 11 JUILLET

PLAIDOYER DE BORELLI-BEY

Messieurs de la Cour,

L'année 1884 fut lamentable pour l'Égypte. Elle commença au lendemain du désastre de Melbas ; elle fut sinistrement marquée par les combats funestes de Sinkat et de Trinkitat ; — ensuite, par les victoires stériles de Tamanib et d'El-Teb ! Origine du procès.

Berber tombait, par surprise ou par trahison, entre les mains des rebelles !

Khartoum agonisait !

Les armes avaient été impuissantes et tous les efforts pour une pacification inutiles ; tout à coup Gordon s'offrit à l'Égypte.

Il vint subitement à Londres ; il y séjourna moins de vingt-quatre heures et reçut des Ministres de la Reine un mandat incertain et mal défini. Puis, chargé de toutes les espérances, accompagné à Charing-Cross par Lord Wolseley, par Lord Granville et par le Duc de Cambridge, il partit. Six jours après, il avait traversé la Méditerranée et arrivait au Caire.

Le 26 janvier 1884, dans la matinée, il nous disait adieu à la gare de Boulaq...

Le 26 janvier 1885, un an après, jour pour jour, presque heure pour heure, Gordon tombait sous les balles d'une bande barbare ! Avec lui, Khartoum, las d'espérer l'arrivée du corps expéditionnaire, découragé, épuisé, affamé, disparaissait, englouti sous le flot d'un fanatisme stupide !

Les causes réelles de la chute étaient si évidentes et si *fatales* qu'il n'était pas besoin d'en chercher d'imaginaires ou de mystérieuses. Personne alors ne parlait de trahison.

Mais, quand les heures d'épreuve se prolongent, l'opinion publique devient singulièrement irritable. Elle poursuit de chimériques explications et trouve des raisons secrètes aux fléaux qui l'accablent. Les désastres engendrent la méfiance. Les masses populaires ont un amour-propre plus vivace que les individus ; elles n'acceptent pas certaines défaites ; elles repoussent surtout les conséquences des fautes et des faiblesses qui leur sont imputables. Les bruits de trahison commencent à circuler ; ils sont accueillis avec avidité. Ah ! Messieurs, heureux les peuples qui ne connaissent pas ces crises ! Ils n'ont pas subi de désastres, ils n'ont pas connu les heures de deuil !

Ainsi nous avons entendu un jour parler de trahisons commises à Khartoum et accuser des Officiers égyptiens...

C'était au moment où le Gouvernement Britannique cherchait à connaître les circonstances de la chute de l'ancienne capitale du Soudan. Le major Kitchener avait été chargé de procéder à une sorte d'enquête et de rédiger un rapport. Le premier, il recueillit des bruits vagues. Son bon sens et sa loyauté ne lui permirent pas de s'y arrêter.

Malheureusement, le grain était semé.

Au Ministère des Finances, on collectionne avec grand soin le *Blue Book*. Quelqu'un y a trouvé le rapport du major Kitchener. Or, les infortunés qui nous reviennent de l'horrible Soudan doivent s'acheminer vers le Ministère des Finances pour obtenir, soit la liquidation de leur pension de retraite, soit le règlement d'arriérés de solde, soit le prix de fournitures faites à l'armée. Là, existe un bureau spécial pour les misères soudanaises: chacun doit y passer.

Le grain de la trahison y a été soigneusement cultivé. A chacun, avant tout règlement de compte, on a demandé ce qu'il savait de la chute de Khartoum, de la conduite des uns ou des autres, de la trahison de Farragh-Pacha ou de Hassan-Bey. Les dénonciateurs étaient encouragés; les calomniateurs impunis.

On s'est ensuite montré avec zèle fort bien renseigné sur toutes choses, — sans rien savoir; on a pris des allures discrètes; on a indiqué à quelques solliciteurs les réponses agréables ou déplaisantes; on a exigé même des rapports écrits. Des malheureux ont signé, sans rien objecter, dans la terrible crainte de perdre la faveur des puissants personnages qui disposent des caisses publiques.

Cent quatre-vingt-quinze rapports ont été rédigés dans ces conditions. De chacun on a tiré quelque déclaration — et la grande œuvre est ainsi préparée.

Cent quatre-vingt-quinze rapports! — Autant que de malheureux obligés de recourir au Ministère des Finances!

Il fallait bien utiliser un pareil labeur; il fallait aussi trouver quelque grosse trahison pour justifier tant d'enquêtes et pour ne rien payer.

Vous savez, Messieurs, qu'en parlant d'économies sous un prétexte quelconque, on est toujours fonctionnaire louable, au Ministère des Finances !

L'occasion seule manquait...

Or, en avril 1887, arriva au Caire l'infortuné Colonel du Cinquième Régiment égyptien, Hassan-Bey-Benhassaoui.

Il avait commandé la moitié de la ligne de défense établie au Sud de Khartoum. Vétéran des guerres du Soudan, il était oublié et n'avait plus d'amis en Égypte. C'était une victime facile. Lui traître, la moitié de la ligne devenait traîtresse : plus de pensions à liquider, plus d'arriérés d'appointements à solder, plus de fournitures ni d'avances à payer ! — Quelle aubaine !

Quelle occasion aussi pour des gardiens subalternes des fonds publics de prouver à leurs chefs l'utilité de leurs services ! Quelle action d'éclat !

Alors, sans instruction préalable, sans explications, on vous a convoqués; on a jeté sur votre table les cent quatre-vingt-quinze rapports, et on vous a dit :

« Jugez... » — On n'a pas osé vous dire : « Condamnez ! »

Mais on espère bien que vous condamnerez.

Aussi bien, quand Hassan-Bey m'a confié sa défense, j'ai ressenti une grande inquiétude.

Les témoins à entendre n'étaient-ils pas les malheureux qui avaient signé les rapports? N'avaient-ils pas engagé leur parole avant de déposer ici? Seraient-ils libres?

En invoquant des principes généraux de droit, Hassan-Bey aurait pu demander que de semblables témoignages fussent écartés; mais la défense aurait eu l'air de procéder par obstruction et d'empêcher la manifestation de la vérité!

L'impartialité de la Cour s'est vite manifestée, — et j'ai été rassuré. Grâce à vos patients travaux, la lumière est faite sur tous les points; mais elle est éparse dans les innombrables déclarations que vous avez enregistrées. Ma mission sera de la condenser, pour illuminer la justification de Hassan-Bey-Benhassaoui.

Division du plaidoyer.

J'établirai quelle était la situation de Khartoum au 25 janvier 1885, et comment Khartoum a succombé. J'examinerai ensuite les preuves apportées par l'accusation pour étayer la trahison; vous apprécierez leur inanité en même temps que l'impossibilité même de cette trahison.

Puis je vous dirai, avec les témoins, les actes de Hassan-Bey, dans la matinée du 26 janvier 1885. Minute par minute, vous pourrez le suivre sur la ligne de défense et vous le jugerez.

Enfin, le souffle de la vérité chassera les insinuations perfides et les interprétations malveillantes apportées devant vous pour ternir la loyauté et le dévouement de Hassan-Bey-Benhassaoui.

Positions et forces respectives de Gordon et des Mahdistes, le 25 janvier 1885.

En janvier 1885, le siège de Khartoum durait depuis bien des mois. La ville était cernée de toutes parts.

Vous connaissez la configuration des lieux.

Khartoum est bâti sur le Nil Bleu, près du confluent du Nil Bleu et du Nil Blanc. La ville est défendue, à l'Est et à l'Ouest, par les deux fleuves. Au Sud, formant la base du triangle, de l'un à l'autre Nil, une ligne de défense formée d'un fossé et d'un retranchement avait été établie sur un parcours de neuf kilomètres environ. A l'extrémité Est de cette ligne, un fort, Bouri. A l'autre extrémité, mais à trois ou quatre kilomètres en arrière, un autre fort, Makran.

Au confluent des deux Nils est l'île de Toutti. Au Sud de cette île, sur le Nil Bleu, faisant à peu près face au palais du Gouvernorat général, Gordon avait placé une batterie. Il semble résulter aussi de certains renseignements qu'à l'extrémité Nord de l'île, Gordon avait établi une autre batterie; mais elle n'existait certainement plus le 25 janvier.

Sur la rive droite du Nil Bleu, une construction, qui servait autrefois de résidence d'été aux Gouverneurs, avait été transformée en forteresse : c'est la position que Gordon désigne ordinairement sous le nom de fort Nord.

La forteresse d'Omdurman, située sur la rive gauche du Nil Blanc, à peu près en face du fort Makran, constituait la principale défense de Khartoum; elle s'était rendue dans les premiers jours de 1885.

Sur la ligne et dans les forts, Gordon disposait d'une dizaine de pièces de canon en bon état de service.

Gordon avait le commandement suprême; il donnait à chaque position et à chaque Officier supérieur des ordres directs. Farragh-Pacha était son second. Des Officiers, dont le nom n'importe pas au procès, commandaient à Toutti, à Makran et au fort Nord; ils ne relevaient que de Gordon et de Farragh.

La ligne de défense, au Sud, était divisée en deux sections : la première comprenait le fort de Bouri et s'étendait du Nil Bleu jusqu'à la batterie ou au fortin dit de

Kalakla. C'est dans cette section que se trouvait la seule porte ouverte sur le front Sud, la porte de Messalamieh. La seconde section s'étendait du fortin de Kalakla au Nil Blanc.

Behkit-Bey-Petracchi, Colonel du Premier Régiment (troupes nègres), commandait la première section. Hassan-Bey-Benhassaoui, Colonel du Cinquième Régiment (troupes blanches), commandait la deuxième section.

Le Mahdi s'était établi à Omdurman.

Sous ses ordres suprêmes, Abdul-Alaï commandait toutes les hordes établies sur le Nil Blanc. Les Émirs Abou-Angha, El-Hélou et Ali-Chérif se partageaient la direction des forces commandées par Abdul-Alaï. Le premier avait dressé sa tente en face de l'extrémité Ouest de la ligne de défense, avec une batterie formée d'une mitrailleuse Nordenfeldt et de canons Krupp. Le second avait pris position au Nord du camp d'Abou-Angha; il disposait aussi d'une batterie. Le troisième avait placé ses bandes autour du fort d'Omdurman.

Sur le Nil Bleu étaient campées les tribus conduites par Cheik-El-Obéid. Ses fils lui avaient succédé dans son commandement aussitôt après sa mort, c'est-à-dire au mois de décembre. Ils avaient établi deux batteries, la première sur les ruines du village de Goba, la seconde en face du fort Bouri.

L'Émir Wlad-el-Nedjoumi commandait en chef les masses réunies en face de la ligne de défense; il occupait les villages de Chedara et de Kalakla. Sous ses ordres, l'Émir Abou-Ghirgheh était installé au village de Bouri. Des canons avaient été placés à Chedara et à Bouri.

Ainsi, les batteries d'Abou-Angha et d'El-Hélou

battaient à la fois le fort Makran et l'extrémité Ouest de la ligne de défense. Les canons de Chedara et de Bouri battaient le front même de la ligne, à l'Est et à l'Ouest. La batterie établie en face de Bouri par les fils de Cheik-El-Obéid battait ce fort et l'extrémité Est de la ligne. Enfin la batterie de Goba battait le fort Nord et le palais même de Gordon.

De la ligne de défense au campement de Wlad-el-Nedjoumi, la distance variait de 1,600 à 2,400 mètres[1].

Quelles étaient les forces en présence?

Gordon nous fournit lui-même un premier et utile renseignement. Dans une note qui date des premiers jours d'octobre 1884, il énumère et décompose ainsi les troupes placées sous ses ordres :

Troupes régulières nègres.	2,316 hommes.
Troupes régulières blanches. . . .	1,421 —
Bachibouzouks réguliers	1,906 —
Soit ensemble 5,643 soldats réguliers.	
Schaggiehs	2,330 hommes.
Habitants enrégimentés	692 —
Soit ensemble 3,022 irréguliers.	
Total général.	8,665 hommes.

A la fin du mois de novembre, Gordon écrivait que, depuis le commencement du siège, il avait perdu 1,800 à 1,900 hommes tués et 200 hommes blessés.

D'octobre 1884 au 25 janvier 1885, les pertes de Gor-

1. Voir pour toutes les explications de cette partie du plaidoyer de Borelli-Bey, les croquis des positions égyptiennes et Mahdistes, Annexe B.

don s'élevèrent à un chiffre au moins égal. De plus, sept ou huit cents hommes avaient été pris à Omdurman. L'effectif réel se trouvait donc réduit, au jour de la chute de Khartoum, à moins de six mille hommes.

Le Major Kitchener donne quelque part des chiffres relatifs aux troupes de Gordon; mais en relisant ce passage de son intéressant rapport, on voit qu'il n'avait aucun autre élément d'appréciation que la note même de Gordon, écrite au mois d'octobre.

En tenant compte des informations les plus sérieuses et les plus scrupuleusement contrôlées, nous sommes certains de toucher la vérité en déterminant ainsi l'effectif de Khartoum dans les derniers jours du siège :

Troupes régulières nègres (1er Régiment, 4 Compagnies)	1,600	hommes
Troupes régulières blanches (5e Régiment, 2 Compagnies)	630	
Bachibouzouks réguliers	600	—
Cawas de Gordon, artilleurs et divers (réguliers ou irréguliers).	150	—
Schaggiehs et habitants armés . . .	2,300	—
Total	5,280	hommes.

Voici comment ces troupes étaient réparties :

Sur la ligne de défense (réguliers noirs et blancs, Bachibouzouks, Schaggiehs, habitants enrégimentés et artilleurs)	3,890	hommes.
A reporter. . . .	3,890	hommes.

Report.	3,890 hommes.
Dans les barques, sur le Nil Blanc (réguliers blancs)	70 —
Dans les barques, sur le Nil Bleu (réguliers noirs).	80 —
Troupes de garde dans la ville, à la Moudirieh, patrouilles, Cawas de Gordon, etc.	400 —
Au fort Makran, Bachibouzouks et artilleurs.	100 —
Au fort Nord, réguliers nègres (290) et divers (50).	340 —
A Toutti (Schaggiehs).	400 —
Soit	5,280 hommes.

On s'est demandé comment l'effectif du Cinquième Régiment se trouvait réduit à 630 hommes; la réponse est facile.

Ce Régiment était depuis bien des années au Soudan. Ses Compagnies avaient été dispersées au Darfour, au Kordofan, au Sennaar et en Nubie.

Une Compagnie (420 hommes) était encore au Sennaar, en vertu d'un ordre qui remontait au temps d'Abd-el-Kader-Pacha, dernier Gouverneur général. Deux autres Compagnies (840 hommes) étaient à Berber. Enfin une quatrième Compagnie (420 hommes) était à Omdurman.

En octobre 1884, lorsque Noshi-Pacha avait quitté le commandement du Cinquième Régiment pour s'embarquer et venir au-devant du corps expéditionnaire anglais, il avait emmené deux sections des Compagnies restantes, soit 210 hommes.

Ces prélèvements de troupes avaient été opérés avant que le commandement du Cinquième Régiment eût été confié à Hassan-Bey.

Quoi qu'il en soit, pendant le siège, sur un effectif normal de six Compagnies, soit 2,520 hommes, deux Compagnies seulement, soit 840 hommes du Cinquième Régiment, se trouvaient dans Khartoum.

Nous touchons au point culminant de ce procès. Quelles forces concouraient à la défense de la ligne du Sud? En voici le détail :

1° Sous le commandement de Behkit-Bey-Petracchi, c'est-à-dire du fort Bouri à Kalakla :

1,230 hommes (Nègres) du Premier Régiment;

200 Bachibouzouks (Ourdi d'Adham-Agha);

800 Schaggiehs.

Au total, 2,230 hommes.

2° Sous le commandement de Hassan-Bey-Benhassaoui, c'est-à-dire de Kalakla au Nil Blanc :

410 hommes (Égyptiens) du Cinquième Régiment. En effet, sur les 630 hommes présents, 110 avaient été prélevés pour le service de la Moudirieh, 70 étaient dans les barques, 40 étaient de patrouille en ville. Restait bien 410 hommes.

150 Bachibouzouks (Ourdi d'Ahmed-Agha);

1,100 Schaggiehs et habitants armés.

Soit au total 1,660 hommes.

La ligne entière était donc gardée par 3,890 hommes.

Comment déterminer les hordes qui avaient suivi le Mahdi ou qui l'avaient précédé?

Il ne s'agit plus d'une armée, mais de masses hétérogènes, entraînées dans un mouvement de fanatisme violent. De jour en jour, le flot de la barbarie avait grossi autour de Khartoum. Mais il est impossible de déterminer, même approximativement, le nombre des individus qui composaient les hordes Mahdistes. On a dit : un demi-million d'hommes; — 400,000 hommes; 160,000 hommes!

En octobre, Gordon estimait à 14,000 individus le nombre des assiégeants de Khartoum; encore, parmi eux, croyait-il pouvoir ne compter que 4,500 combattants. On sait que, dans les derniers mois du siège, des tribus entières du Nord, du Sud, de l'Ouest et de l'Est accoururent à Omdurman. Il n'est pas invraisemblable que les 14,000 assiégeants aient été décuplés.

Si l'on tient compte des renseignements un peu moins vagues apportés au Caire jusqu'à ce jour par les survivants de Khartoum, on est induit à penser que les bandes établies sur le Nil Blanc comptaient 30,000 ou 40,000 individus, — que le camp de Wlad-el-Nedjoumi et celui d'Abou-Ghirgheh n'en comprenaient guère moins de 30,000, — et que les tribus commandées par les fils de Cheik-El-Obéid en comptaient 20,000.

Les ouvrages de la ligne de défense étaient l'œuvre d'Abd-el-Kader-Pacha, deux années avant le siège. Le travail en était simple. Un fossé de quatre mètres de largeur et de deux mètres de profondeur. Les terres, rejetées du côté de la ville, avaient servi à élever un retranchement. A mi-hauteur de ce retranchement, un passage plan avait été réservé; sa largeur, primitivement fixée à deux mètres, fut portée à quatre mètres; il formait l'épaulement ou, pour employer l'expression technique, en langue arabe, le « biada-kadama ».

L'espace compris entre le camp de Wlad-el-Nedjoumi et le fossé était en pente douce du Sud au Nord, c'est-à-dire des positions Mahdistes à la ligne de défense.

Les eaux se partageaient entre le Nil Blanc et le Nil Bleu, à peu près en face de la porte de Messalamieh. Les pluies de juin, de juillet et d'août avaient profondément raviné le terrain et les Mahdistes avaient soigneusement entretenu les ravins pour cheminer plus commodément de nuit vers le fossé.

Là n'était pas cependant le principal défaut de la ligne de défense.

A Khartoum, la crue du Nil Blanc commence en avril; la crue du Nil Bleu survient quelques jours plus tard avec tant de violence qu'elle fait refluer au confluent des deux fleuves les eaux du Nil Blanc. Dans l'un et l'autre Nil, la crue atteint son maximum à la fin d'août et se prolonge en décroissant jusqu'en novembre; — en décembre, les eaux se retirent.

En septembre et octobre 1884, la partie du fossé et du retranchement pratiquée sur le terrain exposé à l'inondation avait été détruite par les hautes eaux. En décembre et janvier, les eaux, en se retirant, n'avaient laissé à découvert qu'une terre sablonneuse ou boueuse.

L'ouvrage n'avait pas été réparé.

Or, Messieurs, le Nil Blanc, en face d'Omdurman, atteint, aux plus hautes eaux, une largeur de cinq ou six kilomètres. En fin janvier, sur la rive gauche, il s'était retiré de mille mètres environ. Si vous tenez compte de l'obliquité de la ligne, vous retiendrez que l'ouvrage avait été détruit sur un parcours de près de 1,500 mètres.

Les eaux du Nil Bleu coulent entre des roches à pic. Après la crue, elles laissent à découvert une bande de terre dont la largeur varie de quinze à vingt mètres. Or deux ou trois cents mètres après le fort Bouri, dans Khartoum, les jardins inclinent doucement jusqu'au lit du fleuve.

C'est par ces deux points que les assaillants devaient naturellement tenter de pénétrer. C'est par là qu'ils ont pénétré !

A ces défauts de la ligne de défense vinrent se joindre des périls plus graves.

D'abord, la famine. Les témoignages sont unanimes. Le journal de Gordon et le rapport du Major Kitchener avaient déjà édifié l'opinion.

Sans rechercher inutilement une date précise, nous pouvons affirmer que, depuis les premiers jours de janvier 1885, il n'a été distribué aucune ration de viande ou de doura. On avait dévoré les bêtes immondes et le régime des assiégés se composait de gomme ou de farine fabriquée en broyant ou en râpant des bois tendres de palmiers. Cette nourriture trompait quelquefois les angoisses de la faim; mais elle engendrait des maladies cruelles qui épuisaient les plus robustes et jetaient bas les autres.

Le moral des hommes était aussi atteint que leur santé. Le découragement était partout. L'attente vaine du corps expéditionnaire, la chute d'Omdurman, le renvoi de la population, l'appel navrant de Gordon à la pitié du Mahdi pour ceux qu'il lui renvoyait, avaient profondément impressionné les troupes.

Vous savez aussi, Messieurs, comme tous ceux qui s'occupent des choses de la guerre, quel énervement produit chez les habitants et dans la garnison d'une ville assiégée un bombardement continu, — énervement pire que le péril même! Or, en décembre et en janvier, Khartoum fut bombardé chaque jour. Le journal de Gordon sera pour nous un sûr témoin; il suffit de le rappeler :

1er décembre, bombardement du fort Nord, du fort Makran et du fort Bouri.

2 décembre, bombardement du Palais.

3 décembre, bombardement du Palais.

4 et 5 décembre, canonnade de divers côtés.

7 décembre, bombardement de Bouri et du Palais.

8, 11 et 12 décembre, bombardement de divers côtés et canonnades sur le front Sud...

Le journal de Gordon s'arrête au 14 décembre.

Les sorties avaient achevé d'exténuer les hommes, — sorties régulières et en troupes, pour se procurer des vivres ou pour combattre, et surtout sorties quotidiennes pour détruire les petits travaux élevés ou les cheminements pratiqués de nuit, par les Mahdistes, dans les ravins, devant le front Sud.

Et quand la faiblesse des hommes fut telle qu'il devint impossible de balayer régulièrement les rôdeurs ennemis, un danger plus grand apparut : les Mahdistes avançaient presque impunément et sans rencontrer d'obstacles jusqu'aux bords mêmes du fossé.

Dans les derniers jours, les hommes, étendus sur le revers du retranchement, malades, torturés par d'affreuses souffrances, attendaient et désiraient la mort! Mais tous ne s'étaient pas résignés à perdre la vie; tous ne subissaient pas avec une égale patience d'aussi cruelles épreuves. Des désertions se produisirent, notamment dans les Schaggiehs et parmi les Noirs.

L'une de ces désertions causa une impression profonde, celle d'Omer-El-Féky-Ibrahim, Sandjak au Premier Régiment, qui commandait une position secondaire dans la section de la ligne commandée par Behkit-Bey-Petracchi.

Un instant, des doutes ont paru s'élever dans l'esprit de la Cour sur la position qu'occupait Omer-Ibrahim. Hassan-Abdalla, le Wekil de la Moudirieh, avait indiqué par erreur que cet Officier se trouvait dans la section de Hassan-Bey. Mais les autres témoins à charge et à décharge ont rétabli la vérité; il est constant qu'Omer-Ibrahim était sous le commandement de Petracchi [1].

Omer-El-Féky-Ibrahim déserta, une nuit, emportant la solde qu'il venait de toucher pour ses hommes. C'était peu de jours avant la chute de la ville. Le bruit courut qu'il avait exposé au Mahdi l'état misérable de la garnison et son agonie. On dit même qu'il aurait conduit les assaillants.

Quoi qu'il en soit, le fait a peu d'importance. Il est malheureusement trop certain que Mohamed-Ahmed con-

1. Dépositions de Hassan-Effendi-Abdalla, de Mahmoud-Effendi-El-Saïd, de Sid-Ahmed-Effendi-Abd-el-Razek, d'Abd-el-Kader-Bey-Hassan, d'El-Saïd-Effendi-Amin.

naissait la situation de Gordon, le découragement et l'épuisement de ses troupes[1]. Dans ces conditions, il est naturel que les Émirs aient décidé, à l'approche du corps expéditionnaire anglais, de tenter une surprise et l'effort fatal du 26 janvier. Et ce n'est pas la chute de la ville qui doit causer notre étonnement, mais la durée de la résistance.

Le 14 décembre, Gordon écrivait sur la dernière page qui nous soit parvenue de son journal :

« Et maintenant qu'on se rappelle mes paroles : si, dans dix jours, une colonne n'est pas arrivée, la ville sera exposée à être prise d'un moment à l'autre. J'aurai fait de mon mieux pour l'honneur de mon pays. — Adieu ! »

Or, Khartoum a succombé le 26 janvier. Quarante jours s'étaient écoulés !

Devant ce témoignage solennel, toute accusation demeure sans force et sans intérêt.

Gordon lui-même nous déclare qu'à la fin de décembre, Khartoum ne pouvait plus se défendre.

Une tentative quelconque des assaillants suffisait pour mettre fin à cet inoubliable épisode de l'histoire des luttes de la civilisation et de l'humanité contre le fanatisme et la barbarie ; elle fut faite le 26 janvier 1885... Deux jours plus tard, Khartoum eût été sauvé !

1. « Depuis huit mois, j'ai envoyé un très grand nombre de messagers dans toutes les directions. Qu'on ne m'adresse plus de correspondances privées : elles ont trop peu de chances de me parvenir. Inutile de m'écrire en chiffres, car je n'en n'ai pas, et *d'ailleurs le Mahdi* n'a rien à apprendre, il est parfaitement informé de tous nos mouvements. » (Lettre de Gordon à Wolseley, 4 novembre 1884.)

La chute de Khartoum.

Voyons, Messieurs, comment Khartoum est tombé. Des témoignages unanimes établissent le jour et l'heure où les hommes de Wlad-el-Nedjoumi et d'Abou-Ghirgheh entrèrent dans la ville[1].

Le 26 janvier, après quatre heures du matin (9 Rabi-Akhar 1302, vers neuf heures et demie, à l'arabe), les Mahdistes pénétraient par surprise, en franchissant les points extrêmes de la ligne de défense. C'était un peu avant le jour, puisqu'il est constant qu'à l'aube, ils étaient en masse derrière le retranchement. Ils avaient parcouru, dans une nuit sombre, la distance qui séparait leurs campements des fossés de Khartoum.

On a dit que la lune éclairait leur marche. C'est une erreur. La plus simple vérification astronomique démontre que la lune a disparu de l'horizon, le 26 janvier, vers cinq heures et demie du matin. Le soleil s'est levé vers six heures et demie. L'aube a lui vers cinq heures[2].

L'intention d'une surprise de la part des Mahdistes n'est pas douteuse; — elle concourt à exclure l'idée d'une trahison. Cette idée s'impose. Il est évident qu'après avoir passé la journée du 25 sans mouvements nouveaux ou extraordinaires, pour ne pas jeter l'alarme de l'autre côté du retranchement, les Mahdistes ont attendu le coucher de la lune pour se mettre en marche et atteindre, avant le jour, la ligne de défense.

1. Dépositions : Abd-el-Kader-Bey-Hassan, Mikaïl-Bey-Daoud, El-Saïd-Effendi-Amin, Husseïn-Aggour-Youssef, etc., etc.

2. *N. B.* — Latitude de Khartoum, 15° 37′ 04″. — Longitude, 30° 33′ 30″ — Est de Paris.

26 janvier 1885. — Lever du soleil, 6 h. 18. — Coucher de la lune, 4 h. 58.

L'espace à parcourir était court : moins de deux kilomètres. Il n'a pas fallu vingt minutes pour le franchir à des hommes qui, suivant l'expression des témoins, courent « comme des chevaux ».

Par où les Mahdistes sont-ils entrés dans Khartoum? C'est une question capitale au procès; il faut la résoudre.

Suivant le récit d'Abd-el-Kader-Bey-Hassan, les Mahdistes ont pénétré d'abord du côté du Nil Blanc, par l'endroit où le fossé et le retranchement avaient été détruits, — puis de toutes parts.

Mikaïl-Bey-Daoud a entendu dire que les Mahdistes étaient entrés du côté du Nil Blanc.

Et Saïd-Effendi-Amin a fait une déclaration semblable à celle d'Abd-el-Kader-Bey-Hassan.

Husseïn-Aggour-Youssef ne peut rien préciser; l'ennemi arrivait de toutes parts, mais surtout du côté du Nil Blanc.

Mikaïl-Effendi-Boctor affirme que les Mahdistes sont entrés par le Nil Blanc, par Bouri et par Toutti.

D'après Sid-Ahmed-Effendi-Abd-el-Razek, les Mahdistes sont entrés du côté du Nil Blanc.

Ismaïl-Agha-Hassan déclare que les Mahdistes sont entrés par l'endroit non retranché, c'est-à-dire vers le Nil Blanc.

Ibrahim-Effendi-Hassanein répond à la même question d'une façon catégorique : « par le Nil Blanc ».

Osman-Effendi-Hamdouk atteste que les Mahdistes sont entrés par le Nil Blanc et Bouri; il les a vus de « ses propres yeux », du haut de sa terrasse.

Le Major Kitchener, dans son rapport, dit que les

Mahdistes sont entrés par Bouri et la porte Messalamieh. Aucun témoin ne confirme cette assertion. L'erreur provient d'une indication inexacte de la position de la porte Messalamieh ; le Major Kitchener la plaçait à peu de distance du Nil Blanc.

La vérité ressort des témoignages péremptoires entendus par la Cour.

Les Mahdistes n'ont pénétré dans Khartoum par aucun point de la ligne de défense du front Sud ; ils se sont glissés nuitamment derrière la ligne par les deux extrémités d'où les eaux du Nil s'étaient retirées : par Bouri, sur le Nil Bleu, — et par le défaut de l'ouvrage fortifié, vers le Nil Blanc.

Des deux côtés, les Mahdistes sont entrés en masse. Évaluer leur nombre est impossible. Mais il est certain qu'au lever du soleil, ils remplissaient Khartoum et couvraient de leur tourbe les terrains compris, sur les neuf kilomètres du front Sud, entre le retranchement et la ville !

Abd-el-Kader-Bey-Hassan, Mikaïl-Bey-Daoud et Abd-el-Razek parlent de 50,000 hommes. Qu'importe le chiffre ! — S'ils étaient 50,000, ils étaient dix contre un ; s'ils étaient 25,000, ils étaient cinq forcenés vigoureux et fanatiques contre chacun de nos hommes épuisés et découragés !

Des résistances individuelles se produisirent et des groupes de malheureux défendirent leur vie en désespérés. Mais la prise de Khartoum fut un massacre et non une bataille.

On a demandé pourquoi les barques armées sur le Nil Bleu et sur le Nil Blanc n'avaient point arrêté les assaillants. On n'aurait même pas posé la question, si l'on avait pris garde que soixante-dix hommes seulement, sur le Nil Blanc et sur le Nil Bleu, montaient encore les barques.

Quelques instants après l'aube, toute résistance avait cessé. Le massacre se prolongea jusqu'au lever du soleil. A cet instant, le Mahdi proclama l'aman et les survivants de la catastrophe furent épargnés.

Tous les incidents de la chute de Khartoum sont donc compris dans le laps de temps qui a séparé le coucher de la lune du lever du soleil, le 26 janvier 1885, soit moins de deux heures. Encore faut-il décompter les vingt minutes nécessaires aux Mahdistes pour arriver sur la ligne de défense.

Dans la ville, les hordes venues de l'Est et de l'Ouest se divisèrent. Les unes, les plus nombreuses et les mieux armées, prirent les retranchements à revers et tuèrent les soldats ; les autres se précipitèrent vers la résidence du Gouverneur.

Les assaillants venus de Bouri principalement s'étaient répandus dans la ville, parce qu'ils ne pouvaient sortir aisément du lit du fleuve pour remonter dans les jardins qu'après avoir dépassé de plus de deux cents mètres la fortification.

Un groupe de ces misérables, à l'aube, rencontra Gordon entouré de ses Cawas, et fit feu. Gordon tomba ; l'âme de Khartoum n'était plus !

La trahison d'Hassan-Bey-Benhassaoui.

Dans le récit que vous venez d'entendre, Messieurs, il n'y a place que pour des sentiments de douleur et d'admiration. Et voilà qu'on a failli le souiller par des poursuites criminelles !

La Cour sait l'origine de cette recherche d'une trahison; elle sait la cause vraie de l'accusation infâme qui pèse sur Hassan-Bey-Benhassaoui.

Il fallait aboutir : Hassan-Bey a été accusé « d'avoir honteusement livré une position, — d'avoir poussé des soldats ou d'autres personnes à livrer honteusement la position qu'il était de leur devoir de défendre, — et d'avoir traîtreusement traité avec l'ennemi ».

Restait à faire la preuve. L'accusation a osé le tenter ; elle a produit ses témoins.

Examinons leurs déclarations :

Abd-el-Kader-Hassan a entendu dire que Farragh-Pacha avait ouvert les portes de Khartoum, d'accord avec Hassan-Bey-Benhassaoui ; il ajoute que celui-ci franchit le fossé et sortit de la ville; mais il s'empresse de dire qu'il n'a rien su ni vu, — qu'il a seulement « entendu dire ». Il atteste, au contraire, avoir vu, de ses propres yeux, Hassan-Bey prisonnier et n'avoir pas remarqué qu'il fût plus favorisé que ses camarades de captivité. Il recevait la même nourriture que les autres.

Sur la question des portes, la Cour est édifiée. Hassan-Bey n'avait aucune porte dans sa section; les Mahdistes ne sont pas entrés par la porte Messalamieh, c'est-à-dire par l'unique porte ouverte sur la ligne de défense, dont la garde était confiée à Behkit-Bey-Petracchi.

Quant au saut du fossé, il suffirait de répondre à Abd-el-

Kader-Hassan qu'on ne dépose pas en justice sur des bruits, mais seulement sur des choses vues, touchées ou entendues. Encore est-il le seul témoin qui parle de cette circonstance, et le vieil adage le frappe : *Testis unus, testis nullus.*

Enfin le saut du fossé, fût-il prouvé, ne signifierait rien, puisqu'il est constant que Hassan-Bey a combattu et a été fait prisonnier en dedans de la ligne de défense.

Cette première déposition n'apporte donc aucun appui à l'accusation; mais Hassan-Bey la revendique pour constater, par la déposition du premier témoin à charge, qu'il a été fait prisonnier par les Mahdistes, — qu'il était traité par eux comme les autres captifs et que sa conduite a toujours été conforme aux lois et aux usages militaires.

Mikaïl-Bey-Daoud a entendu dire que les rebelles avaient pénétré dans la ville par le Nil Blanc; il sait que, pendant le siège, la conduite de Hassan-Bey a toujours été louable. Après la chute de la ville, il a vu Hassan-Bey en quête de vivres comme ses compagnons d'infortune et il n'a pas entendu dire qu'un Officier quelconque se fût sauvé en sautant le fossé.

Nous savons déjà que les Madhistes sont entrés par le Nil Blanc; personne ne le conteste. Pour le surplus, Hassan-Bey revendique le témoignage de Mikaïl-Daoud, comme celui d'Abd-el-Kader-Hassan. En effet, le second dément le premier sur l'incident du saut du fossé; — de plus, il exprime en termes formels l'éloge de Hassan-Bey.

El-Saïd-Effendi-Amin a bien entendu parler d'une

tentative de trahison, mais elle remonte à une époque bien antérieure à la chute de la ville et était imputée à des fonctionnaires civils.

Il a vu Hassan-Bey prisonnier; il sait que ses deux femmes et sa fille lui ont été enlevées par le Mahdi.

Ce témoignage prouve encore que Hassan-Bey a été cruellement traité; l'idée d'une trahison devient peu compréhensible. A coup sûr, les déclarations d'El-Saïd-Effendi-Amin ne fortifient pas l'accusation.

Husseïn-Aggour-Youssef a entendu dire que Farragh-Pacha et Hassan-Bey ont trahi; mais il n'a rien vu. Il sait, au contraire, qu'au jour de la lutte suprême, Hassan-Bey était à côté de ses soldats et les encourageait à l'action. Il sait aussi que Hassan-Bey veillait assidûment à la défense, et que la casemate où il logeait était constamment battue par les obus. Il sait enfin que Hassan-Bey a été fait prisonnier et qu'il a beaucoup souffert.

Est-ce vraiment sur de pareils témoignages que l'accusation a compté pour convaincre la Cour de la trahison de Hassan-Bey?

— Ahmed-Bey-Hassoun, Ahmed-Effendi-Fathy, Mohamed-Agha-El-Zouma, Ali-Agha-Ahmed, Sid-Ahmed-Effendi-Salem, Mohamed-Effendi-Ismaïl, Badaouï-Effendi-Abdul-Hamid, tous témoins à charge, après la lecture des chefs d'accusation, ont été mis en demeure de dire tout ce qu'ils pouvaient savoir à propos de l'un ou de l'autre de ces chefs; ils ont unanimement répondu :

« Nous ne savons rien de semblable ! »

Alors la Cour a invité l'honorable Prosécutor à produire quatre nouveaux témoins à charge, en déclarant que, si un seul d'entre eux alléguait une circonstance qui permît, non pas de croire à une trahison, mais seulement d'en admettre la possibilité, l'audition d'autres témoins à charge serait admise; mais, au cas contraire, il serait passé outre.

Déjà, Messieurs, vous aviez entendu douze témoins! Le treizième fut Mikaïl-Effendi-Boctor, ancien chef du bureau des pensions au Malieh de Khartoum, employé principal aujourd'hui au bureau de la Comptabilité du Soudan, au Ministère des Finances. Écoutons ce témoin d'élection :

« Je ne sais pas qu'il y ait eu trahison ni complot; mais, après la chute de la ville, le bruit a couru que Farragh-Pacha et Hassan-Bey avaient trahi. »

L'imputation était vague ; le témoin s'est refusé à la préciser spontanément; la Cour l'a soumis à un véritable interrogatoire :

« D. Pouvez-vous nous dire quelque chose de particulier sur le compte d'un Officier quelconque, de Hassan-Bey-Benhassaoui, par exemple?

« R. Non.

« Savez-vous si Hassan-Bey-Benhassaoui a trahi ou s'il a comploté avec l'ennemi?

« R. Non.

. . . .

« D. Savez-vous qu'un Officier quelconque ait excité des soldats à la trahison ou leur ait donné l'ordre de ne pas faire feu contre l'ennemi?

« R. Je ne le sais pas; mais j'ai entendu dire que Farragh-Pacha et Hassan-Bey avaient donné ordre aux troupes d'abandonner leurs armes et de ne pas se battre.

« D. Est-il parvenu à votre connaissance que des « broughies » (clairons) soient passés à l'ennemi et que Hassan-Bey-Benhassaoui les ait vus et n'ait rien dit?

« R. Non.

. . . .

« D. Avez-vous vu quelqu'un livrer une position à Khartoum ou faciliter l'entrée de l'ennemi ?

« R. De mes yeux je n'ai rien vu; mais j'ai entendu dire que Farragh-Pacha avait livré une position et fait en sorte de faciliter l'entrée de l'ennemi.

« D. Avez-vous vu ou entendu rien de pareil sur le compte de Hassan-Bey-Benhassaoui ?

« R. Il y avait aussi des bruits pareils sur son compte.

« D. Avez-vous su qu'il y ait eu une position livrée par les troupes de Khartoum le jour de la chute de cette ville ?

« R. Non. » Dans ces réponses, où se manifestent à la fois l'envie de nuire en insinuant l'idée d'une trahison et l'impossibilité d'articuler un fait, où trouver le fondement d'un seul des chefs d'accusation?

Le 14e témoin à charge est un fonctionnaire important : le Wekil de la Moudirieh de Khartoum, Hassan-Effendi-Abdalla. Quand on lui parle de trahison, il croit, comme Saïd-Effendi-Amin, qu'il s'agit du complot, tout à fait étranger au procès, dans lequel fut compromis le Moudir.

« En ce qui concerne les Officiers, ajoute-t-il, je ne sais rien, sauf le bruit qui courut après la chute de Khartoum, que les Mahdistes étaient entrés du côté du Nil Blanc, dans la section de Hassan-Bey; mais je n'ai jamais entendu dire que Hassan-Bey eût livré la position. »

La Cour a insisté :

« D. Savez-vous quelque chose de particulier sur le compte de Hassan-Bey-Benhassaoui, notamment à propos des chefs d'accusation?

« R. Absolument rien. Tout au contraire, j'ai juré de dire la vérité et je puis attester que Hassan-Bey était toujours dans sa section, sur la ligne de défense. Jamais je n'ai entendu formuler la moindre critique sur sa conduite. » Après avoir fait entendre un pareil témoin à charge, l'accusation s'est tue.

Que doit faire Hassan-Bey? Non seulement aucune preuve n'a été apportée, mais encore aucun fait n'a été allégué contre lui.

Sur les quatorze témoins à charge, trois ou quatre ont parlé d'un bruit de trahison. Ce bruit aurait inquiété des esprits chagrins.

Parmi tous ceux qui ont assisté aux événements de cette triste période, qui y ont survécu et qui sont revenus en Égypte, Hassan-Bey a choisi les hommes les plus capables d'édifier la conscience de magistrats tels que vous, en témoignant que dans les milieux si divers où ils ont passé, jamais le bruit d'une trahison de Hassan-Bey-Benhassaoui n'a circulé, ni secrètement ni publiquement.

Le premier témoin entendu sur ce point, à la requête de Hassan-Bey, est Sid-Ahmed-Effendi-Abd-el-Razek,

Lieutenant en premier à la 4e Compagnie du 5e Régiment. Voici ses déclarations :

« D. Savez-vous ou avez-vous entendu dire quelque chose au sujet d'un acte de trahison imputable à Hassan-Bey?

« R. Non, je ne sais rien et je n'ai rien entendu dire.

. . . .

« D. Savez-vous ou avez-vous entendu dire que Hassan-Bey ait correspondu avec l'ennemi?

« R. Non, je ne le sais pas et je ne l'ai jamais entendu dire. »

Ensuite, c'est le tour de Mohamed-Effendi-El-Saïd, Boulouk-bachi, dont la position sur la ligne de défense dépendait du commandement de Behkit-Bey-Petracchi.

« D. Avez-vous su que Hassan-Bey-Benhassaoui ait trahi ou avez-vous entendu dire qu'il y ait eu trahison de sa part?

« R. Non. » L'honorable Prosécutor, craignant sans doute que cet homme fût trop ignorant pour comprendre la portée de la question et de la réponse, l'a interpellé :

« D. Savez-vous ce que c'est qu'une trahison? Expliquez-nous ce que vous entendez par le mot trahison?

« R. Par le mot trahison, je comprends le fait d'avoir comploté avec l'ennemi, d'avoir eu des relations avec lui, d'avoir agi contre les ordres de ses chefs et contre l'intérêt du Gouvernement que l'on sert.

« D. Hassan-Bey faisait-il tout ce qu'il pouvait dans l'intérêt et pour le bien du Gouvernement? En êtes-vous sûr?

« R. Oui.

. . . .

« D. Un jour ou deux avant la chute, personne n'a-t-il parlé à Bouri de la livraison de la ville?

« R. Non. » Et la Cour a éclairé ce même témoignage par ses questions directes : « D. Comment avez-vous su, demande-t-elle à Mohamed-Effendi-El-Saïd, qu'il n'y avait pas eu trahison?

« R. Parce que je n'en ai jamais entendu parler. Nous étions tous sur la même ligne; s'il y avait eu trahison, nous l'aurions su.

« D. En captivité, n'avez-vous pas entendu parler de trahison?

« R. Non. »

Le troisième témoin à décharge est un Bimbachi de Bachibouzouks placé sous le commandement de Hassan-Bey, Ismaïl-Agha-Hassan-El-Toubghi. « D. N'avez-vous jamais entendu dire par des Officiers ou des camarades qu'on se plaignait de Hassan-Bey ou que Hassan-Bey ne faisait pas son devoir?

« R. Non, jamais! »

Enfin, la Cour a entendu Osman-Effendi-Hamdouk, notable habitant de Khartoum, dont le neveu était drogman de Gordon : « D. Votre neveu, le drogman, ne vous a-t-il pas dit que Gordon craignait une trahison?

« R. Non!

« D. Après la chute de Khartoum, n'avez-vous pas entendu dire par des personnes de l'entourage de Gordon qu'il y avait eu trahison?

« R. Non; je ne l'ai jamais entendu dire. »

Et en effet, Messieurs, les bruits de trahison sont nés

d'une circonstance fortuite, bien après l'événement et bien loin de Khartoum. Ils sont l'invention malveillante d'un individu que la Cour connaît maintenant et qui comparaîtra devant elle quelque jour pour répondre de faits suspects.

Quand le Major Kitchener, à Dongola, s'enquérait, par ordre du Gouvernement Britannique, des circonstances de la chute de Khartoum, il enregistra une série d'erreurs tendantielles. Ainsi on lui rapporta que Hassan-Bey avait sous son commandement la porte de Messalamieh et qu'il l'avait ouverte aux Mahdistes, — qu'il avait ensuite pris du service auprès des Émirs — et qu'il était devenu le compagnon d'Abou-Agha au Kordofan !

A vrai dire, le Major Kitchener n'eut pas une foi bien robuste dans ces renseignements.

« Les accusations de trahison, dit-il, ont été toutes très vagues ; elles sont le fruit de simples suppositions. A mon avis, Khartoum a été pris d'assaut, alors que la garnison était tellement exténuée par toutes sortes de privations qu'elle ne pouvait plus opposer aucune résistance. »

Le bon sens et la loyauté ont dicté au Major Kitchener cette déclaration.

Quelle est donc l'origine de ces récits mensongers sur les actes de Hassan-Bey-Benhassaoui ?

La recherche ne sera pas bien longue.

Le Major Kitchener ne désigne qu'un seul auteur de ses renseignements : Abdalla-Bey-Ismaïl ! La Cour n'a pas oublié le nom de cet Officier que Gordon fit passer devant une commission d'enquête, à la suite de la rupture d'un des fils de fer placés en avant de la ligne de défense.

La Cour n'a pas oublié non plus qu'à la suite de cette enquête Abdalla-Ismaïl fut emprisonné par ordre de Hassan-Bey-Benhassaoui et retenu, par lui, en prison, jusqu'au dernier jour de la résistance! Malheureusement, le Ministère des Finances n'a pas imité la sagesse et la réserve du Major Kitchener. Il paraît avoir accueilli avec empressement les calomnies d'Abdalla-Ismaïl; il a permis que dans cent quatre-vingt-quinze rapports, elle fût amplifiée; il a encouragé les dénonciateurs, sans se préoccuper de leur sincérité; il a parlé ou laissé parler de trahison. Mais, en vérité, les bruits de trahison semés involontairement par le Major Kitchener n'ont germé qu'au Ministère des Finances, au Caire. A Khartoum, à Omdurman, au Soudan, ils n'ont jamais existé.

N'est-il pas permis de s'étonner qu'avant de parler trahison et de formuler une accusation capitale contre un Officier supérieur, personne n'ait songé à fouiller dans le passé de l'accusé? Ah! si les accusateurs de Hassan-Bey avaient connu sa carrière, il eussent hésité à lui attribuer les crimes pour lesquels ils l'ont traîné devant vous.

Toute la vie de Hassan-Bey proteste contre l'accusation.

Fils de cultivateurs honnêtes du Fayoum, Hassan-Benhassaoui entrait à dix-huit ans dans la garde du Vice-Roi Saïd. Peu de temps après, il était promu au grade d'Adjudant. En 1863 (1280 de l'Hégire), le Gouvernement Vice-Royal demandait trente Officiers de bonne volonté, pour le Soudan. Hassan-Benhassaoui se présenta et partit. Depuis lors il n'a plus quitté les provinces soudanaises. Il a pris part à toutes les campagnes et a séjourné cinq années à Fashoda. En 1869 (1286 de l'Hégire), il fut rappelé à Khartoum et y demeura dix-huit mois.

En 1871 (1288 de l'Hégire), il fut envoyé au Sennaar. En 1875 (1292 de l'Hégire), il fut nommé Lieutenant par Ismaïl-Pacha-Eyoub et fit campagne au Darfour. En 1877 (1294 de l'Hégire), il fut nommé Capitaine par Gordon. Quelques mois après, il était rappelé à Khartoum et en 1878 (1295 de l'Hégire), Gordon l'envoyait une seconde fois à Fashoda pour y apaiser des troubles; il y resta cinq ans.

Après le désastre de Melbas, il fut rappelé à Khartoum. Il n'appartenait pas encore au 5e Régiment; Gordon, qui le connaissait bien, l'y fit entrer, en le nommant Lieutenant-Colonel au mois de mars de l'année 1884 (Gamad-Awel 1301 de l'Hégire). Au mois d'octobre, Gordon le promut au grade de Colonel et lui confia ce Régiment en remplacement de Noshi-Bey, nommé Pacha et envoyé à bord du *Bordeïn*, au-devant du corps expéditionnaire.

Dans les derniers mois du siège, Gordon lui conféra la médaille d'or qu'il avait frappée pour les Officiers méritants.

Tel est le soldat inculpé devant vous de trahison!

Cependant les promotions militaires, les grades, les distinctions honorifiques peuvent couvrir des vices ou des fautes de la vie privée. Il était donc nécessaire de faire entendre à la Cour des hommes qui aient personnellement connu Hassan-Bey et apprécié ses défauts comme ses qualités. Après la stérile audition des témoins à charge, la défense devait être sobre de témoignages. Elle a prié la Cour d'appeler devant elle deux personnages que leur situation avait plus que tous autres mis à même d'apprécier Hassan-Bey. Le premier, Moustapha-Pacha-Yawer, l'a suivi dans sa carrière pendant de longues années; le second, Noshi-Pacha, l'a eu sous son commandement, à Khartoum même, pendant le siège, au 5e Régiment. Ils ont comparu tous deux; entendez, Messieurs, leurs dépositions :

« D. Connaissez-vous Hassan-Bey-Benhassaoui, a demandé l'honorable Président de cette Cour à Moustapha-Pacha, et pouvez-vous nous dire sur votre honneur, sur votre foi, sur votre conscience, ce que vous savez de son caractère et de sa conduite?

« R. Oui; je connais Hassan-Bey-Benhassaoui », — et le Pacha, désignant de la main ce soldat loyal, a ajouté :

« Je le connais comme un honnête homme, fidèle et de bonne conduite; je l'ai élevé au Sennaar et pendant tout le temps qu'il est resté sous mes ordres, j'ai constaté qu'il était bon, juste, brave, dévoué au Gouvernement et *incapable de trahison;* il réunissait toutes les qualités d'un bon Officier et il se conduisait bien dans sa vie privée. »

Après Moustapha-Pacha-Yawer, Noshi-Pacha :

« D. Que savez-vous du caractère et de la conduite de Hassan-Bey-Benhassaoui?

« R. Quand nous étions ensemble à Khartoum où je commandais le 5e Régiment, et jusqu'à mon départ, j'ai constaté que Hassan-Bey était un Officier brave, honorable, fidèle, de bonne conduite et incapable d'une mauvaise action. Consciencieusement, je puis dire cela. »

Laissons ces considérations.

Pourquoi Hassan-Bey-Benhassaoui aurait-il trahi ?

Il n'existe pas d'action humaine sans mobile, — et le mobile doit être d'autant plus puissant qu'il s'agit d'un acte criminel qui déshonore et brise une carrière, entraîne une effroyable responsabilité et des conséquences capitales! Impérieux doit être le mobile qui détermine un soldat, un Officier supérieur à trahir son pays! — Et pour quels ennemis!

Quel mobile a donc dicté la trahison de Hassan-Bey?

Les privations? — Hassan-Bey est un homme dur à la fatigue, sobre, éprouvé par vingt-cinq années de séjour au Soudan.

La peur? — Hassan-Bey a vécu constamment en face du danger; il a fait, au Darfour, ces campagnes terribles que connaissent tous ceux qui ne sont pas étrangers à l'histoire du dernier règne khédivial.

L'intérêt? — Les Madhistes pratiquent une pauvreté qui, pour être souvent obligatoire, n'en est pas moins recommandée par leurs derviches. Ils professent l'égalité dans une misère sordide qui ne paraît pas faite pour séduire Hassan-Bey.

La gloire? l'ambition? les honneurs? — Hassan-Bey venait de recevoir de Gordon les épaulettes de Colonel d'un Régiment égyptien. Aspirait-il à l'insigne distinction de servir de Lieutenant à Abou-Angha, au Kordofan, comme l'insinuait au Major Kitchener Abdalla-Bey-Ismaïl?

L'accusation nous cache-t-elle quelque secret? — Son silence est l'aveu décisif de sa fragilité!

La captivité de Hassan-Bey.

A défaut d'argument direct, les persécuteurs de Hassan-Bey ont voulu trouver dans les conditions de sa captivité une trace de faveur inavouable dont ils entendaient conclure que le prisonnier recevait la récompense d'une trahison. Les efforts tentés dans cet ordre d'idées, au cours des débats, ont échoué; mais ils ont eu, pour nous, l'avantage de rendre publics les malheurs de Hassan-Bey, et, loin de servir l'accusation, ils lui ont enlevé toute ombre de vraisemblance.

Il est bien vrai qu'un témoin a déclaré que Hassan-Bey recevait une subvention de Bet-el-Mal Madhiste et qu'en somme sa captivité était douce. Ce témoin, c'est Mikaïl-Effendi-Boctor.

« J'ai vu Hassan-Bey en captivité, a-t-il dit. Il lui était alloué, ainsi qu'à Fauzi-Pacha, dix talaris medjidiehs par semaine, qu'il touchait de Bet-el-Mal. J'ai entendu dire que Bet-el-Mal payait des allocations à diverses personnes, entre autres à Hassan-Bey. Ces allocations ont été payées aussitôt après que ces Officiers ont été faits prisonniers. Je sais que les Mahdistes donnaient des vêtements et des talaris aux pauvres prisonniers. Ils donnaient des secours en proportion des biens enlevés. Hassan-Bey a été traité comme tous les autres prisonniers. Il n'était l'objet d'aucune distinction ni d'aucun privilège. Je n'ai pas vu les rebelles frapper Hassan-Bey ni le maltraiter pour l'obliger à déclarer ce qu'il possédait. Je n'ai pas vu prendre les biens de Hassan-Bey; mais je sais qu'on a dépouillé tout le monde. J'ai vu Hassan-Bey en captivité; je l'ai vu à Omdurman et à Khartoum où il habitait une hutte. »

Tel est le grief.

En regardant d'où il émane, il paraît déjà suspect. Il est perfidement formulé. Certes, si les prisonniers recevaient tous une subvention de Bet-el-Mal, et si cette subvention était proportionnelle aux biens perdus, le grief devient faible. Les dix talaris du Mahdi ne sont pas l'or d'Artaxerxès. Mais il est indigne de Hassan-Bey de discuter avec Mikaïl-Effendi-Boctor. Pour toute réponse, il lui oppose les déclarations de tous les témoins à charge et à décharge; à la Cour de conclure.

Abd-el-Kader-Bey-Hassan « a vu Hassan-Bey prisonnier. Il ne sait pas qu'il ait été traité avec ménagement. Pour sa nourriture, il était traité comme les autres. »

Mikaïl-Bey-Daoud « a vu Hassan-Bey, comme tous les autres prisonniers, quêtant des vivres ».

El-Saïd-Effendi-Amin atteste « qu'aucun prisonnier n'était privilégié, et que tous étaient également maltraités ».

Husseïn-Aggour-Youssef s'exprime ainsi : « Hassan-Bey a été fait prisonnier avec nous; on nous a réunis à Ezbet-el-Kalakla et conduits chez un Émir, qui nous a dépouillés de nos vêtements et de notre argent; nous sommes restés prisonniers avec le Bey. Les Mahdistes n'ont pas mieux traité l'un de nous que les autres; nous, les pauvres, nous mendiions; nous n'avons pas vu Hassan-Bey mendier; mais il a été dépouillé. Les Mahdistes ne lui ont laissé qu'une chemise et un caleçon. »

Saïd-Effendi-Abdel-Razek nous a dit : « Je ne sais pas si Bet-el-Mal donnait de l'argent à Hassan-Bey; je ne l'ai pas vu et je ne l'ai pas entendu dire; mais nous, nous avions chacun une piastre tarif par semaine. J'ai vu Hassan-Bey en captivité. Les Mahdistes, après l'avoir pris, l'ont frappé en le déshabillant. On voyait bien que Hassan-Bey avait été frappé; il portait des traces de coups. J'ai vu Hassan-Bey dans la misère comme les autres. J'ai vu, de mes yeux, prendre Hassan-Bey; j'ai vu ce que lui ont fait les Mahdistes, jusqu'à son complet déshabillement. On nous a fait sortir par la porte Messalamieh et emmenés dans le campement. Nous avions les mains liées derrière le dos; nous étions gardés à vue. »

Mohamed-Effendi-El-Saïd déclare que « les Mahdistes donnaient quelques secours aux femmes et à certains habitants. J'ai vu, ajoute-t-il, Hassan-Bey en captivité; nous avons été faits prisonniers en même temps, et conduits hors la ville par la porte Messalamieh. Hassan-Bey était attaché. Trois jours plus tard, on l'a ramené à Khartoum, et je ne l'ai revu au camp des prisonniers que sept ou huit jours après. Il était blessé et couvert de traces de coups et de sang. J'ai entendu dire qu'on l'avait frappé et qu'on l'avait jeté dans des puits de fosses d'aisances, pour obtenir l'aveu de ses biens et l'en dépouiller. Hassan-Bey n'a jamais changé d'état. J'ai vu mendier Hassan-Bey. J'ai vu les traces des coups sur Hassan-Bey; à ce moment-là, il n'avait qu'une légère chemise. J'ai entendu dire que les Mahdistes avaient plongé Hassan-Bey dans des puits de fosses d'aisances. »

Ismaïl-Aga-Hassan-El-Toubghi ne sait pas que « Hassan-Bey ait reçu de l'argent de Bet-el-Mal; il l'a vu souvent dans un état misérable, nu-tête et nu-pieds, vêtu d'une chemise et d'un caleçon. Il l'a vu mendier. Il l'a vu frapper et maltraiter. »

Ibrahim-Effendi-Hassan ne croit pas que « Hassan-Bey reçût de l'argent de Bet-el-Mal; il était attaché, — lui, témoin, ne l'était pas ».

Osman-Effendi-Hamdouk s'est exprimé ainsi : « Je n'ai jamais vu ni entendu dire que Hassan-Bey ait touché de Bet-el-Mal dix talaris par semaine. Il passait pour riche. Les Mahdistes l'ont frappé et l'ont plongé dans des puits de fosses d'aisances pour se faire livrer par lui tous ses biens. Ensuite Hassan-Bey mendiait. J'ai vu moi-même les Mahdistes frapper Hassan-Bey; ils m'ont aussi brûlé la tête avec un fer chaud. J'ai vu frapper Hassan-Bey à Bet-el-Mal, au moment où il livrait ses biens. »

La Cour est édifiée !

Passons.

Il n'est pas indifférent au procès de savoir ce qu'est devenue la famille de Hassan-Bey. Or, tous les témoins sont d'accord pour nous apprendre qu'après avoir été spolié et frappé, Hassan-Bey eut la douleur de perdre ses femmes prises de vive force et données à des Émirs, pendant que le Mahdi lui-même s'emparait de sa fille et la déshonorait [1].

Ainsi, après avoir formulé la trahison, l'accusation nous a permis d'en retrouver le prix! Messieurs, Hassan-Bey a trahi pour être battu, pour être dépouillé de ses biens et réduit à la mendicité, pour perdre ses femmes et assister au déshonneur de sa fille!...

La captivité de Hassan-Bey a duré vingt mois. Étroitement surveillé, il n'a pu quitter un seul jour Omdurman et n'a pas cessé d'être abreuvé d'outrages.

Pendant les fêtes du Courban-Baïram de l'an 1303 de l'Hégire (septembre 1886), dans le désordre de réjouissances tumultueuses, il réussit à s'échapper. Pendant plusieurs jours, il craignit de trouver la mort à chaque

1. Témoins à charge : Mikaïl-Bey-Daoud, El-Saïd-Effendi-Amin, Mikaïl-Effendi. — Témoins à décharge : Saïd-Effendi-Abd-el-Razek, Mahmoud-Effendi-El-Saïd, Ismaïl-Agha-Hassan-El-Toubghi, Ibrahim-Effendi-Hassanein, Osman-Effendi-Hamdouk.

pas! Les Mahdistes le firent rechercher de tous côtés. Pour éviter leur poursuite, il marcha de nuit, évitant toute habitation humaine et se cachant, le jour, dans les broussailles ou dans les trous du désert. Il atteignit Gadaref. De Gadaref il se rendit à Sarkouna. De Sarkouna il se mit en route pour Galtasama, où il se reposa. De Galtasama, dès qu'il fut rétabli, il vint à Adoua, et d'Adoua, après mille difficultés, il gagna Massaouah par Asmara et Allia.

Le 18 Ragheb 1304 (12 avril 1887), il entrait à Massaouah. On lui donnait des vêtements et un secours. Le 4 Chaban, c'est-à-dire dix jours après, il arrivait au Caire et se présentait au Ministère de la Guerre.

Vous savez le reste.

L'acquittement honorable

Après tant d'épreuves, Hassan-Bey comparaît devant vous, sous l'inculpation d'une trahison sans fondement, contredite par les faits et les témoignages mêmes produits pour l'étayer, — contredite par la loyauté de son caractère et la dignité de sa vie, — contredite par le sens commun.

Il revenait en Égypte, n'ayant pour tout bien que la seule espérance de reprendre du service et de recevoir la récompense de sa fidélité.

Sous d'autres cieux, à Paris ou à Londres, il eût été fêté et acclamé ; chacun aurait compati à ses malheurs ; il eût emprunté un rayon à l'auréole légendaire de Gordon. Ici, Hassan-Bey a été accusé de trahison ; il n'a pu faire appel à l'opinion publique, et il comparaît devant des juges! Eh bien, soit. Ses juges sont des soldats ; ils sauront bien venger l'honneur d'un soldat injustement attaqué.

La loi prévoit deux sortes d'acquittement : l'acquittement pur et simple et l'acquittement honorable. Hassan-Bey vous demande de l'acquitter honorablement.

Aussi bien, après s'être justifié, plus qu'il n'était besoin, d'une accusation vaine, il peut établir que, le 26 janvier 1885, à Khartoum, il a fait son devoir. Sa défense fera justice des insinuations déloyales qui sont arrivées jusqu'à cette Cour, pour jeter le soupçon d'une négligence coupable.

Vous-mêmes, Messieurs, vous avez convié Hassan-Bey à des explications complètes; il vous les fournira loyalement.

Les actes de Hassan-Bey, le 26 janvier.

Tous les témoignages concordent à établir que la résistance des troupes, le 26 janvier, dura depuis l'instant où les Mahdistes pénétrèrent au revers de la ligne de défense jusqu'à l'aurore.

Une première question se pose : Hassan-Bey, le 26 janvier, un peu avant l'aube, c'est-à-dire au moment où les Mahdistes surprenaient Khartoum, était-il à son poste, à Kalakla?

La réponse des témoins à charge et à décharge est unanime.

Les ennemis de Hassan-Bey, en inventant le saut du fossé, ont attesté sa présence.

On a parlé de signaux. L'importance de cette question nous échappe. S'il s'agissait d'un signal donné avant la *surprise*, nous en comprendrions l'intérêt; mais il est certain qu'il y a eu *surprise,* — et s'il s'agit de signaux postérieurs, les renseignements abondent. Ils ont été aussi nombreux qu'inutiles. Aussitôt que les Mahdistes eurent atteint les extrémités de la ligne de défense sur le

Nil Blanc et sur le Nil Bleu, ils poussèrent des cris sauvages; la fusillade commença et toutes les batteries ensemble firent feu.

Quoi qu'il en soit, les témoignages de Sid-Ahmed-Effendi-Abd-el-Razak, de Mahmoud-Effendi-El-Saïd, d'Ibrahim-Effendi-Hassanein et d'autres établissent que des signaux par le canon, par des fusées ou par le clairon, ont été donnés sur le Nil Blanc et à Kalakla. Un témoin a même ajouté que Hassan-Bey envoya un Chawich à Farragh-Pacha.

Husseïn-Aggour-Youssef, Sid-Ahmed-Effendi-Abd-el-Razak, Ismaïl-Agha-El-Toubghi, Ibrahim-Effendi-Hassanein, témoins à décharge, tous quatre présents sur les lieux, déclarent que Hassan-Bey fit tirer plusieurs coups de canon dans la direction du Nil Blanc et qu'il réunit ensuite ses hommes pour tenter un mouvement en avant contre la tourbe mahdiste.

Ses efforts furent infructueux; l'ennemi, venant en masse du Nil Blanc, approchait rapidement de Kalakla; l'aube naissait.

Hassan-Bey fit former en carré les hommes qui lui restaient.

En effet, on allait être assailli en même temps du côté du fossé et du côté de Bouri; de plus, il fallait se défendre contre les Madhistes venus par le Nil Blanc, qui couraient sur le retranchement ou en contre-bas, au revers de l'ouvrage.

La résistance ne pouvait se prolonger longtemps. Le

petit carré dans lequel était entré Hassan-Bey lui-même recula jusqu'au delà de Kalakla et fut détruit[1].

C'est dans cet instant que Hassan-Bey fut fait prisonnier, en combattant, au milieu des rares survivants de la 4e Compagnie du 5e Régiment[2].

Le soleil était levé; le Mahdi avait proclamé l'aman.

Insinuations contre Hassan-Bey et le 5e Régiment égyptien.

Quelle est donc la négligence reprochable à Hassan-Bey? — L'accusation ne s'est pas expliquée; mais elle a vaguement interpellé ses témoins ou ceux de la défense. Leurs réponses forment un concert de louanges.

Ismaïl-Agha-Hassan-El-Toubghi, témoin à décharge, a été catégorique.

« Hassan-Bey, dit-il, inspectait la ligne chaque jour et chaque soir. Je l'ai vu dans la soirée du 25 janvier. »

Les témoins à charge n'ont pas été moins précis ni moins clairs.

« Hassan-Bey inspectait constamment la ligne, dit El-Saïd-Effendi-Amin; je l'ai vu le soir même qui a précédé la chute de la ville; car, une heure après le coucher du soleil, il est venu, en compagnie de Farragh-Pacha et d'autres personnes, me rendre visite.

« D'ailleurs, Hassan-Bey veillait jour et nuit, dit Husseïn-Aggour-Youssef; au soleil il restait nu-tête. Il était constamment sur la ligne; il ne pouvait demeurer dans

1. Dépositions : Sid-Ahmed-Effendi, Abdul-Razak, Ibrahim-Effendi-Hassanein.

2. Dépositions : El-Saïd-Effendi-Amin, Husseïn-Aggour-Youssef, Mikaïl-Effendi-Boctor, Saïd-Effendi-Abd-el-Razek, Ibrahim-Effendi-Hassanein, Osman-Hamdouk.

son logement[1], car il était constamment battu par les obus. La nuit de l'assaut, Hassan-Bey n'a pas couché dans sa chambre; il est venu de notre côté, vers le 3e Boulouk et nous a encouragés à la résistance. Le soir, Hassan-Bey avait fait l'inspection; je l'ai vu avec quatre sapeurs qui lui servaient d'ordonnances pour transmettre les ordres aux Bachibouzouks, etc.

« Hassan-Bey, dit à son tour Abd-el-Kader-Hassan, inspectait tous les jours la ligne, de Kalakla au Nil Blanc. »

Repoussée sur cette demande trop vague, l'accusation a voulu rejeter sur Hassan-Bey la responsabilité de la surprise, à l'extrémité de la ligne, sur le Nil Blanc.

Or, il ne peut plus être contesté que Gordon avait subdivisé les commandements de Hassan-Bey et de Behkit-Bey-Petracchi.

Dans la section de Behkit-Bey-Petracchi, Mohamed-Ibrahim avait été spécialement chargé de la partie de la ligne qui s'étend de Kalakla à un kilomètre environ au delà de la porte Messalamieh. Dans la section de Hassan-Bey, Osman-Ichmet avait été chargé d'une subdivision commençant à la distance de 2,000 mètres environ de Kalakla vers l'Ouest et se prolongeant jusqu'au Nil Blanc.

Ce partage s'explique surabondamment par l'imminence du péril, le caractère incessant des incursions mahdistes sur le front de la ligne et la diversité des troupes confiées aux Commandants supérieurs des sections.

Au surplus, le fait est certain. Les principaux témoins, à charge et à décharge, l'ont affirmé. Mikaïl-Bey-Daoud,

1. Dans les baraquements.

Mohamed-Effendi-El-Saïd, Mohamed-Effendi-Ismaïl, Mikaïl-Effendi-Boctor, El-Saïd-Effendi-Amin, Abd-el-Kader-Hassan, Sid-Ahmed-Effendi-Abd-el-Razek ont été particulièrement explicites.

On a recherché la nature et l'étendue des pouvoirs des quatre Commandants. Il est devenu évident que si, au point de vue administratif et hiérarchique, Osman-Ichmet et Mohamed-Ibrahim relevaient respectivement de Hassan-Bey et de Behkit-Bey-Petracchi, ils étaient indépendants, en cas d'attaque, dans leur section.

La surprise a eu lieu dans la subdivision de la ligne de défense confiée à Osman-Ichmet. C'est à Osman-Ichmet que l'accusation aurait dû s'adresser. Mais combien une pareille discussion est oiseuse! Osman-Ichmet a été tué à Khartoum le 26 janvier. L'état des troupes explique toute surprise.

« Soit, dit l'accusation; mais en tout cas, Hassan-Bey est responsable de n'avoir pas fait réparer la partie de l'ouvrage de défense détruite par les eaux, pendant la crue. »

Hassan-Bey partage cette responsabilité avec Gordon et Farragh-Pacha. Il ajoute seulement (et tous les témoins l'ont dit avant lui) que si le fossé et le retranchement n'ont pas été réparés, c'est que toute réparation était impossible, à cause de la mobilité du sol encore humide et des feux de la batterie mahdiste établie sur le Nil Blanc, en face même de l'extrémité de la ligne, batterie formée de canons Krupp et de la mitrailleuse Nordenfeldt.

Il est d'ailleurs certain que la réfection de l'ouvrage avait été commencée, sur le point d'où les eaux s'étaient retirées depuis le plus long temps. Gordon n'ignorait pas cette lacune. Pour épargner la vie de ses hommes, lui-même il avait ordonné la cessation des travaux.

Toutes les déclarations ont été absolument concordantes[1].

Hassan-Bey aurait commis une autre faute encore en omettant de télégraphier à Gordon, au moment où les Mahdistes ont pénétré dans Khartoum.

La Cour se rappelle l'incident auquel a donné lieu cette question qui nous paraissait secondaire. L'honorable Prosécutor a déclaré qu'il y attachait une importance extrême et qu'il invoquerait, à la rescousse, le témoignage du Major Kitchener. En effet, le Major Kitchener dit bien que Gordon communiquait télégraphiquement avec les positions sur la ligne de défense et que Hassan-Bey n'a pas averti Gordon. Mais nous connaissons déjà la source des renseignements du Major Kitchener contre Hassan-Bey-Benhassaoui et si l'accusation n'a pas d'autre autorité à invoquer sur ce point, elle ne mérite pas grand crédit. Affirmer n'est pas prouver et avant de conclure à une intention criminelle, il eût été sage de se munir d'une preuve. D'autre part, comme nous l'avons remarqué déjà en parlant des signaux, quelle importance peut-on attacher à un avertissement télégraphique donné par Hassan-Bey, alors qu'il n'a pas été averti lui-même et qu'il y a eu surprise? Quand les Mahdistes ont atteint la ligne de défense, le canon tonnait de tous côtés.

1. Dépositions : Abd-el-Kader-Bey-Hassan, Mikaïl-Bey-Daoud, El-Saïd-Effendi-Amin, Husseïn-Aggour-Youssef, Mikaïl-Boctor, Ismaïl-Agha-Hassan-El-Toubghi, Ibrahim-Effendi-Hassanein et Osman-Hamdouk.

Mais la télégraphie de Gordon était-elle aussi complète et en aussi bon état qu'on voudrait le faire supposer? Ce n'est pas vraisemblable, alors que Gordon, dès les premiers mois du siège, écrivait dans son journal : « Nous n'avons plus ici de fil de fer galvanisé pour réparer les lignes, l'ayant employé en entier pour fabriquer les chausse-trapes ; — Floyer fera bien d'y pourvoir. »

Rien ne corrobore le reproche de l'accusation ; son affirmation ne peut prévaloir.

En réalité, Gordon a-t-il été prévenu ou non?

Le Major Kitchener rapporte que Gordon a été tué à la pointe du jour, entouré de ses Cawas, à cinq cents mètres environ du palais, au moment où il se rendait chez M. Hansal, Consul d'Autriche. Or, si l'on admet que Gordon a mis vingt minutes pour se vêtir, pour réunir ses Cawas, pour sortir et pour faire cinq cents mètres, on a donné aux Mahdistes, qui pénétraient par Bouri, le temps d'arriver jusqu'au palais.

Autre grief. Mikaïl-Effendi-Boctor raconte qu'après la chute de la ville, il a eu l'occasion de se promener sur divers points de la ligne de défense et d'y recueillir des observations édifiantes. Il soutient que, le troisième jour, il a vu les armes du 5e Régiment couchées sur le sol, en un état qui révélait l'inertie des soldats. Au contraire, les armes éparses du 1er Régiment témoignaient, selon Boctor, de la formation d'un carré de résistance. L'honnête témoin conclut que le 5e Régiment a abandonné ses armes, tandis que le 1er Régiment a bravement combattu.

Il est invraisemblable que Boctor ait exécuté les promenades qu'il raconte aujourd'hui ; il est plus invraisemblable encore que les Mahdistes aient laissé jusqu'au troisième jour les armes sur le terrain sans les ramasser. — Qui ne sait, hélas! en Égypte, avec quelle avidité les tribus soudanaises s'emparent des armes de leurs ennemis!

Il ne déplaira cependant pas à la Cour de rencontrer dans le témoignage de Boctor l'affirmation de l'existence posthume d'un carré sur la ligne de défense. Jusqu'à ce jour aucun témoin, fût-il du 1er Régiment, n'a parlé d'un carré formé dans la section où commandait Behkit-Bey-Petracchi. Au contraire, il est acquis au procès que le carré formé par Hassan-Bey est venu se dissoudre et expirer au delà de Kalakla, c'est-à-dire dans la section même de Behkit-Bey-Petracchi.

Boctor atteste donc que Hassan-Bey a fait former un carré par ses derniers soldats pour lutter jusqu'au bout contre les assaillants!

Ici se place un dernier incident devenu fameux.

En décembre, un fil de fer placé sur la ligne, devant un Ourdi de Schaggiehs sous les ordres d'un Officier du nom d'Abdalla-Bey-Ismaïl, fut rompu. Mikaïl-Effendi-Boctor commente cette rupture. Gordon, dit-il, punit d'une retenue de solde tous les Officiers du 5e Régiment. Il a vu un ordre écrit de Gordon, aux termes duquel cet incident ne devait recevoir aucune autre suite à cause de la gravité de la situation. Boctor a, d'ailleurs, grand soin d'ajouter que lui seul connaît cette particularité.

L'incident est vrai; plusieurs témoins l'ont rapporté; mais Boctor a porté devant la Cour un témoignage calomnieux, en assurant qu'il n'avait pas eu de suite. Gordon chargea Farragh-Pacha et Hassan-Bey de procéder à une enquête. Sur le résultat de leur information collective, Abdalla-Bey-Ismaïl (celui-là même que les circonstances ont fait plus tard, à Dongola, le confident du Major Kitchener) fut emprisonné et retenu en prison par Hassan-Bey jusqu'au dernier jour de Khartoum. Les Mahdistes le délivrèrent!

Ces circonstances étaient de notoriété publique. Le plus important des témoins à charge, Hassan-Effendi-Abdalla, Wekil de la Moudirieh de Khartoum, en a fait le simple et véridique récit :

« Abdalla-Ismaïl, a-t-il dit, Bachibouzouk, accusé d'avoir rompu le fil de fer, fut, par ordre de Gordon, soumis à une enquête confiée à Farragh-Pacha et à Hassan-Bey. Quand sa culpabilité eut été constatée, il fut emprisonné. Il est resté en prison jusqu'au jour de la chute de Khartoum[1]. »

Ramené à la lumière de la vérité, l'incident du fil de fer prouve donc le contraire de ce que voulaient insinuer les ennemis de Hassan-Bey; il témoigne de la confiance de Gordon en lui et de son zèle pour tout ce qui touchait à la défense.

Boctor ne l'entendait pas ainsi! C'est pourquoi il a juré que, par ordre de Gordon, l'affaire n'avait pas eu de suite. Cette fois, nous le tenons en flagrant délit de parjure. Ces débats ont assez de retentissement pour que Boctor reçoive bientôt le châtiment qu'il a mérité...

Dans la voie méprisable des insinuations, on ne s'est pas arrêté là. On a laissé entendre à la Cour que Hassan-Bey avait perdu la confiance de Gordon.

1. Dépositions : Hassan-Effendi-Abdalla, Mikaïl-Effendi-Boctor, El-Saïd-Effendi-Amin, Abd-el-Kader-Bey-Hassan, Ismaïl-El-Toubghi, Sid-Ahmed-Effendi-Abdul-Razak.

Si Gordon avait retiré sa confiance à Hassan-Bey, comment lui laissait-il le poste le plus périlleux? Pourquoi ne le remplaçait-il pas?

Et si l'on veut prétendre que Gordon était retenu par la crainte de mécontenter un Officier supérieur, n'avait-il pas des moyens de lui retirer son commandement, tout en le comblant de faveurs? Ne pouvait-il, par exemple, comme d'autres, le nommer Général et le déplacer?

Il semble vraiment, dans tout ce procès, que l'accusation ait été contrainte de prendre le contrepied de la vérité! La carrière militaire de Hassan-Bey a été marquée par des promotions émanant de Gordon. N'est-ce pas au cours même du siège de Khartoum que Gordon l'a promu au grade de Colonel et lui a conféré la médaille d'or!

Ce n'est pas tout. La Cour a entendu la parole d'un homme bien connu par son horreur des Mahdistes et renseigné sur tout ce qui se passait dans l'entourage de Gordon. Son neveu était l'un des deux drogmans du Gouverneur général.

Osman-Hamdouk a déclaré que les rapports de Gordon avec Hassan-Bey étaient excellents et n'avaient jamais été altérés. Il a même rapporté une circonstance intime qui témoigne de relations cordiales et d'une estime véritable [1].

Pour achever son œuvre, Boctor, après avoir inutilement essayé de porter la main sur l'honneur de Hassan-Bey, a tenté de déshonorer tout le 5e Régiment Égyptien. Il a osé dire que ce Régiment avait été constamment

1. Dépositions : Mikaïl-Bey-Daoud, Sid-Ahmed-Abd-el-Razek, Ibrahim-Effendi-Hassanein et Osman-Hamdouk.

battu, — qu'il était lâche, — que Gordon le méprisait — et qu'il avait donné ordre de ne jamais régler sa solde avant que celle du 1er Régiment, c'est-à-dire des troupes nègres, n'ait été entièrement payée. Et, chose étrange, Boctor, qui ne connaît ni le français ni l'anglais, a invité la Cour à se reporter au Journal de Gordon, qui n'a pas été imprimé en langue arabe, pour y vérifier ses sentiments sur les troupes blanches!

La réponse est aisée. Les témoins l'ont déjà faite.

Le 5e Régiment sortait chaque jour pour purger le front Sud des Mahdistes qui cheminaient de nuit vers les ouvrages de défense.

Le 5e Régiment a remporté les derniers succès de l'armée de Gordon sur le Nil et sur la terre ferme, en janvier 1885.

Le 1er Régiment n'a jamais été payé avant le 5e Régiment.

Enfin, tandis que les désertions se multipliaient, l'un des principaux témoins à charge a déclaré à la Cour qu'aucune désertion ne s'était produite dans le 5e Régiment [1].

Et puisqu'on a voulu toucher à l'honneur d'un des plus anciens Régiments de l'Armée Égyptienne, qu'on permette à celui qui l'a commandé le dernier de le venger, en se servant des armes qu'on a voulu employer contre lui!

Voyons en quelle estime Gordon tenait les Schaggiehs et ce qu'il pensait de leur courage.

« Ici même, dit-il dans son Journal, on se trouve en

1. Dépositions : Mikaïl-Effendi-Boctor, Hassan-Effendi-Abdalla, Mohamed-Effendi-El-Saïd, Husseïn-Aggour-Youssef, Sid-Ahmed-Effendi-Abd-el-Razek, Ismaïl-Agha-Hassan-El-Toubghi.

présence de 30,000 habitants qui ne voudront pas s'en aller et auront noué des intelligences avec le Mahdi, afin de se le concilier, — sans parler des 3,000 Schaggiehs, prêts à tomber sur nous, dès que nous aurons tourné les talons. »

Et dans un autre passage :

« 22 novembre.— Faible canonnade à Bouri et à Goba. Un soldat a déserté cette nuit avec ses armes. Comme je le pensais bien, plus de quatre Schaggiehs ont passé à l'ennemi ; mais on ne peut pas arriver à savoir la vérité, ni même à connaître l'effectif exact de ces Schaggiehs. »

Et plus loin :

« Je vais être obligé de transporter ailleurs mes braves Schaggiehs du fort Nord, car la proximité de l'ennemi les a jetés dans la consternation ; à mesure que les Arabes s'avancent, il faut que je les fasse rétrograder.

« C'est vraiment absurde d'avoir à payer une solde à de pareilles troupes ! »

Après les Schaggiehs, les Nègres.

« 29 novembre. — Trois nouvelles désertions. Cette vie est vraiment insoutenable. Que faire avec des Commissaires aux vivres qui donnent des rations à faux poids et des Officiers qui les volent ensuite à leurs hommes? On est absolument impuissant contre ces abus ; les gens le savent et se moquent de vous. Aussi, à moins de la prochaine arrivée de l'expédition, cette place tombera-t-elle par la vénalité générale ! Je dois dire que ces vols ne se produisent que dans les troupes nègres *et non dans les corps Égyptiens.* »

Et ailleurs :

« Cette race à laquelle j'ai affaire ferait damner un saint! Je découvre qu'il n'y a pas un factionnaire au fort Nord ni à Bouri; heureusement que de la terrasse du Palais je puis tout surveiller; cela me permet de parer à l'incurie de ces fainéants que je bouscule tant et plus. »

Ailleurs encore :

« Deux heures de l'après-midi. Pas de factionnaires au fort Nord; ces gens-là sont incorrigibles. Je fais donner aux factionnaires en faute trente coups de courbache. Quant aux hommes d'Halfeyeh (Schaggiehs), ils sont partis à la recherche de leurs fusils égarés! »

Et un autre jour :

« Trois heures et demie. Nouvelle éclipse de factionnaires au fort Nord; j'envoie un ordre pour les faire bâtonner. »

Voilà pour l'honnêteté et l'exactitude dans l'accomplissement des devoirs; — voici pour la fidélité :

« On m'apprend aujourd'hui seulement qu'avant-hier, deux caporaux (dont un nous était revenu de chez les Arabes), cinq soldats et un employé civil, tous Soudanais, ont passé à l'ennemi. »

Et ailleurs :

« Un esclave arrive à l'instant du camp de Wlad-el-Nedjoumi, avec l'éternelle histoire de l'arrivée du Mahdi; les Arabes manquent de vivres et les réguliers nègres projettent une désertion en masse. »

Comprenez-vous maintenant, Messieurs, pourquoi le

26 janvier, tandis qu'on massacrait les soldats égyptiens, les réguliers du 1er Régiment ont été miraculeusement sauvés?

Il est vrai qu'en retournant au Soudan, en février 1884, Gordon, qui connaissait mieux les Nègres que les Blancs, les a d'abord préférés. L'état dans lequel les hommes du 5e Régiment lui furent présentés n'était pas fait pour l'encourager. La Cour se rappelle que ces infortunés venaient de rentrer à Khartoum après des marches épuisantes, entreprises à la suite de séjours prolongés sous des climats torrides.

Gordon et les Égyptiens. Gordon et Hassan-Bey.

La préférence de Gordon dut cesser à l'épreuve. Sa confiance dans le 5e Régiment se révèle, en dépit de ses boutades, lorsqu'il s'agit d'un poste de confiance à occuper ou d'une mission difficile à remplir.

La forteresse d'Omdurman, qui protégeait Khartoum, ne s'est rendue, sur l'ordre de Gordon, qu'après avoir épuisé ses munitions et ses approvisionnements. N'était-elle pas défendue par une Compagnie du 5e Régiment?

Des hommes du 5e Régiment ne montaient-ils pas la flottille si chère à Gordon?

En octobre, quand Noshi-Pacha quitta Khartoum pour se rendre au-devant du corps expéditionnaire, n'exigea-t-il pas des hommes du 5e Régiment?

La garde de la Moudirieh et les patrouilles n'étaient-elles pas confiées aux soldats du 5e Régiment?

Les positions les plus dangereuses sur la ligne de défense n'étaient-elles pas gardées par le 5e Régiment?

Dans les dernières pages de son Journal, au moment

des plus cruelles épreuves, Gordon crut devoir faire explicitement amende honorable aux troupes égyptiennes; — ce n'était pas nécessaire. Les peuples démentent rarement leur histoire. Les révolutions politiques ou sociales éloignent parfois une ou deux générations d'hommes de la vie militaire; mais, un jour de bataille, le sang des aïeux se retrouve dans les veines des enfants. Le peuple qui, dans un demi-siècle, fournit les escadrons des Mamelucks et les bataillons de Nézib n'a pas enfanté un peuple de lâches!

Oui, Messieurs, le 5e Régiment Égyptien, à Khartoum, a bien mérité du pays.

Si grand que soit un homme, il a besoin d'auxiliaires. Un seul Anglais, quoi qu'en puisse dire le Major Kitchener, dans ses Notes, eût été insuffisant pour défendre Khartoum pendant trois cent dix-sept jours contre les hordes barbares. Gordon a eu d'humbles compagnons d'armes qui lui sont, jusqu'au bout, demeurés fidèles.

Un jour viendra où l'Angleterre reprendra au Soudan les restes d'un héros qui l'honore dans l'histoire de la civilisation; elle voudra joindre, sous les voûtes de Westminster, les cendres de Gordon à celles de Livingstone; tous deux ont été dévoués jusqu'à la mort à la même œuvre de rédemption.

Alors l'Égypte réclamera sa part dans la gloire de Gordon; elle se souviendra de Hassan-Bey-Benhassaoui, l'un de ses plus loyaux Officiers.

L'injustice d'hier sera effacée aujourd'hui; votre impartialité et votre caractère ont protégé Hassan-Bey. De vous, ses juges, égyptiens et soldats, il attend une réparation! Et moi qui l'ai soutenu dans cette épreuve avec une invincible conviction, je considère comme un honneur pour ma carrière d'avoir mis ma main dans la sienne, de l'y tenir en ce moment, de l'avoir défendu et nécessairement associé, pour l'honneur de l'Égypte, à l'immortalité sublime de son chef, Gordon!

L'audience est levée après le plaidoyer de Borelli-Bey. La prochaine séance de la Cour est fixée au 13 juillet.

AUDIENCE DU 13 JUILLET

Dès l'ouverture de l'audience, le Président de la Cour invite M. Sadek-Camel à résumer en langue arabe la plaidoirie de Borelli-Bey.

S. E. Mouktar-Pacha prend ensuite la parole. Voici le résumé de sa réplique à la défense.

Le devoir du Prosécutor est d'éclairer la Justice en lui fournissant sur chacun des points soulevés aux débats des explications complètes. Moukhtar-Pacha ne faillira pas à ce devoir.

En dehors du droit commun existe la Loi militaire; l'accusation se fonde sur le droit commun et sur la Loi militaire.

La défense a usé de tous les moyens. Notamment elle a voulu exercer une sorte de pression sur l'opinion publique par la presse. La Cour se tiendra en garde contre l'opinion publique.

La défense a présenté un plan de Khartoum et des positions respectives de Gordon et des Mahdistes; ce plan n'offre aucune garantie. La position du fort Makran, par exemple, ne paraît pas exacte au Prosécutor.

La défense a fait plusieurs fois appel au Journal de Gordon; ce Journal n'est pas un document officiel. Il est incomplet et le texte produit par la défense n'est qu'une traduction de l'anglais.

La défense a laissé entendre que les positions Mahdistes n'étaient pas à plus de 1,500 mètres de Bouri. Ce n'est pas vraisemblable. Gordon était trop bon Général pour laisser l'ennemi s'approcher ainsi de la place.

La défense a cité à plusieurs reprises le rapport du Major Kitchener; ce rapport n'a pas plus de valeur légale que le journal de Gordon.

On a comparé le nombre des assaillants au nombre des soldats sur la ligne de défense; quelles preuves a-t-on données des évaluations produites? Aucune.

Admettant même qu'il n'y eût que 6,000 hommes derrière le retranchement et que les Mahdistes fussent au nombre de 14,000, ainsi que le disait Gordon, comment comprendre que 6,000 hommes de troupes aguerries, derrière un ouvrage fortifié, n'ayant chacun qu'un espace d'un mètre et demi à défendre, n'aient pas résisté à 14,000 sauvages mal armés?

Moukhtar-Pacha conteste que l'ouvrage fût faible.

Les canons des Mahdistes étaient des canons de rebut et leurs artilleurs étaient incapables d'en diriger le feu.

Sur le plan produit par la défense figure, du côté Ouest, sur le Nil Blanc, un espace de 1,500 mètres sur lequel la fortification aurait été détruite. Ce plan n'offre aucune garantie, la Cour le sait; mais puisque l'occasion se représente d'en parler, ne doit-on pas remarquer que les batteries sur le Nil Bleu et les barques armées de canons n'y figurent pas?

Il est inadmissible que la partie des fortifications détruite n'ait pas été réparée. N'y avait-il donc pas d'ingénieur à Khartoum? Les barques armées ne protégeaient-elles pas les extrémités de la ligne? Mikaïl-Bey-Daoud n'a-t-il pas dit que l'endroit où le fossé et le retranchement avaient été détruits était boueux, — et la boue même n'était-elle pas un obstacle considérable au passage des assaillants?

Assurément, si tout le monde avait fait son devoir, les Mahdistes n'auraient pas pénétré dans Khartoum.

Le Pharmacien du 5e Alaï a déclaré qu'il avait entendu bien peu de coups de fusil du côté du Nil Blanc!

La défense a invoqué l'état de faiblesse des troupes. Quand un soldat peut se déplacer, il peut manier son fusil. Aggour-Youssef a cité à la Cour l'exemple d'un homme qui avait eu encore assez de force pour franchir le fossé.

Cependant Moukhtar-Pacha, pour rendre hommage à la vérité, reconnaît que la famine a régné dans Khartoum et qu'on s'y est nourri, pendant le dernier mois, de gomme et de bois de palmiers; mais il ne croit pas que les effets de cette nourriture soient aussi funestes que la défense l'a indiqué. Les Soudanais notamment ont pour habitude de manger de la gomme, — et ne s'en portent pas plus mal.

L'honorable Prosécutor remercie la défense de lui avoir fait connaître la défection d'Omer-El-Féki-Ibrahim et trouve dans ce fait un nouveau grief contre Hassan-Bey, qui aurait dû, pour confondre l'ennemi et empêcher le mauvais effet des rapports d'Omer-El-Féki, modifier les positions de la défense.

Sans doute, Gordon, le 14 décembre, sentait bien que

l'ennemi était devenu plus pressant; mais en même temps il faisait appel au concours du corps expéditionnaire et, par conséquent, il ne croyait pas, comme on l'insinue, à une chute immédiate.

Moukhtar-Pacha discute ensuite les heures du coucher de la lune et du lever du soleil, le 26 janvier. Il présente à la Cour diverses observations techniques et conclut, sur ce point, en priant les juges de retenir que le lever du soleil était si rapproché du coucher de la lune, le 26 janvier, que la lueur de ce coucher a éclairé Khartoum jusqu'au lever du soleil; par suite, il n'est pas vrai de dire que la surprise ait eu lieu dans l'obscurité.

Au surplus, une surprise, au point de vue militaire, n'est jamais excusable; elle ne peut être que la conséquence d'une faute.

Or qu'est-ce qu'une trahison?

Moukhtar-Pacha examine, selon le Chériah, ce qu'est une trahison; il cite divers auteurs et les commente. En invoquant l'une ou l'autre des définitions données par les jurisconsultes musulmans, il maintient son droit de qualifier traître Hassan-Bey.

L'honorable Prosécutor recherche ensuite, au point de vue légal, s'il était permis ou non, convenable ou non, d'entendre des témoins qui avaient déposé des rapports écrits. Il compare les lois étrangères et même la loi civile indigène avec le droit musulman et conclut au droit et à la convenance pour l'accusation de produire de pareils témoins; il s'élève énergiquement contre la critique des témoins à charge faite par la défense.

Moukhtar-Pacha s'explique difficilement la formation d'un carré, telle qu'elle est rapportée par Ahmed-Effendi, Abdul-Razak et Ibrahim-Hassanein. Un témoin n'a-t-il pas dit que Hassan-Bey était dans le fortin de Kalakla? Comment comprendre qu'il pût être au milieu d'un carré? Comment comprendre aussi que ce carré soit venu du côté de la porte Messalamieh, au delà des limites du commandement de Hassan-Bey? Ne résulte-t-il pas, tout au moins, de cette déclaration que Hassan-Bey n'était pas à son poste de combat?

Moukhtar-Pacha assure que le Ministère des Finances est étranger au procès actuel. En tout cas, son intervention s'expliquerait naturellement, à cause des dispositions de l'article 2 du décret du 22 décembre 1886 sur les pensions militaires.

Hassan-Bey n'est pas mort sur le champ de bataille; il a été fait prisonnier et il n'est rentré au Caire qu'après vingt-huit mois de captivité. Voilà l'origine véritable de nos soupçons et de la poursuite.

La défense a recherché le mobile de la trahison de Hassan-Bey. elle ne l'a pas trouvé; Moukhtar-Pacha l'indique : Hassan-Bey a voulu sauver sa vie!

On a parlé des grades conférés par Gordon. Gordon n'avait pas le droit de conférer des grades; il pouvait seulement les demander en faveur de ceux qui lui en paraissaient dignes.

Les témoignages de moralité sont sans importance

dans un pareil procès. Le Maréchal Bazaine n'avait-il pas rendu de longs et loyaux services à la France lorsqu'il a trahi?

« Je suis soldat, dit en terminant S. E. Moukhtar-Pacha, et je dois remplir mon devoir sans manquer à la loyauté et à l'honneur. L'article 38 du Règlement de Procédure militaire m'impose d'aider la Cour à faire justice. J'ai rempli mon pénible devoir; j'ai présenté mes observations sur chacun des faits de la cause. A la Cour maintenant de juger en son âme et conscience si les témoignages produits ont établi, ou non, la trahison de Hassan-Bey-Benhassaoui. »

L'audience est suspendue.

Reprise de l'audience.

L'honorable Quirck-Bey, Avocat-Juge, présente à la Cour son opinion écrite et prie l'un de ses membres d'en donner lecture en langue arabe; voici le texte de ce document :

« A LL. EE. le Président et les membres de la Cour Martiale Générale.

« Considérant que le devoir de l'Avocat-Juge est de résumer les dépositions des témoins à charge et à décharge, de les synthétiser et de donner ensuite son opinion conformément à la loi militaire;

« Considérant que les efforts de l'accusation ont été vains et qu'aucun témoignage n'a touché aucun des griefs portés à l'acte d'accusation et qu'il est inutile de discuter les dépositions sur tous les autres points.

« Mon devoir est donc de vous indiquer la seule voie du droit et de la justice en vous invitant à rendre la liberté à l'accusé, après l'avoir acquitté.

« *Le Kaïmakan, Avocat-Juge de la Cour Martiale Générale.*

« *Signé :* QUIRCK[1]. »

Le 13 juillet 1887.

L'audience est levée.

Le prononcé du jugement est renvoyé au lendemain, 14 juillet, à onze heures du matin.

1. Traduction des textes anglais et arabe.

AUDIENCE DU 14 JUILLET

LA SENTENCE

La séance est ouverte à onze heures du matin.

Sur l'ordre du Président, l'un des membres de la Cour donne lecture des documents et décisions qui suivent :

Première délibération de la Cour.

La Cour déclare Hassan-Bey-Benhassaoui, nommé par Gordon-Pacha-Miralaï, chargé du commandement du 5e Régiment,

Non coupable

sur tous les chefs d'accusation et l'en acquitte honorablement.

Lettre du Sirdar demandant la révision de cette décision à Sir E. Zohrab-Pacha, Lewa, Président de la Cour Martiale Générale.

« Tout en confirmant la décision de la Cour au sujet de la non-culpabilité de Hassan-Bey, décision que j'approuve, je ne puis, étant donnés les principaux faits historiques, établis par le procès relativement à la chute de Khartoum, sinon par trahison, du moins par négligence, donner mon approbation à l'expression « honorable » qualifiant l'acquittement.

« La Cour voudra bien délibérer à nouveau et examiner une seconde fois ce point de sa décision. »

« *Signé :* HERBERT CHERMSIDE,

« SIRDAR p. i[1]. »

Seconde délibération de la Cour.

Au Caire, le 14 juillet 1887, la Cour se réunit à nouveau sur l'invitation du Sirdar p. i. pour délibérer sur sa première décision.

Sont présents les mêmes membres qui ont pris part à la précédente délibération.

La lettre du Sirdar ordonnant la réunion de la Cour en vue de ladite révision, est lue, paraphée et jointe aux actes de la procédure.

Après nouveau délibéré,

LA COUR MAINTIENT RESPECTUEUSEMENT SA PREMIÈRE DÉCISION.

Lettre du Président communiquant au Sirdar p. i. le résultat de la seconde Délibération de la Cour.

Il ne résulte des dépositions faites par les témoins, devant la Cour, aucune preuve d'une négligence quelconque imputable à l'accusé, principalement, le jour de la chute de Khartoum, et deux témoins dont la Cour apprécie particulièrement le témoignage attribuent à l'accusé la plus honorable conduite.

Le Général Gordon-Pacha lui-même avait promu l'accusé au grade de Bimbachi et ensuite à celui de Mi-

1. Traduction des textes anglais et arabe.

ralaï. Il lui conférait ce dernier grade dans le mois d'octobre 1884 et lui donnait en outre la médaille d'or comme marque de distinction spéciale.

Dans ces circonstances, la Cour représente respectueusement au Sirdar que rien ne justifierait le retrait de *l'acquittement honorable* accordé à un Officier qui a de si rudes états de services.

Signé : E. ZOHRAB, LIVA P. G. C. M[1].

Le Caire, 14 juillet 1887.

Confirmation de la décision de la Cour par le Sirdar.

La décision de la Cour est confirmée, mais sans mon adhésion personnelle en ce qui concerne les mots « honorablement acquitté ».

Signé : HERBERT CHERMSIDE,
SIRDAR p. i[2].

Le Caire, 14 juillet 1887.

Après cette lecture, le Président rend son sabre à Hassan-Bey-Benhassaoui et le proclame acquitté honorablement[3].

1. Traduction des textes anglais et arabe.
2. Traduction des textes anglais et arabe.
3. Quelques jours après cette sentence, Hassan-Bey-Benhassaoui fut reçu en audience particulière par S. A. le Khédive. Le grade de Miralaï lui a été reconnu par le Gouvernement Égyptien.

NOTES

SUR

LA CHUTE DE KHARTOUM[1]

(Blue Book, 1886, pages 23 et suivantes)

TRADUCTION DE L'ANGLAIS[2]

1. Je considère comme un devoir, en reproduisant ces notes de Kitchener-Pacha, de renvoyer le lecteur impartial et soucieux de la vérité au « Journal de Gordon » — et aux « Lettres de Gordon à sa sœur ». Ces deux publications offrent le plus haut intérêt; j'y ai puisé des indications précieuses.

2. On s'est efforcé de rendre aussi exactement que possible la pensée du narrateur anglais et la valeur de ses expressions, sans s'arrêter à des incorrections de style ou à des impropriétés de mots lorsqu'elles ont paru bonnes à la fidélité de la traduction.

NOTES

SUR

LA CHUTE DE KHARTOUM

Les derniers renseignements précis sur Khartoum sont contenus dans le Journal du Général Gordon, sous la date du 14 décembre 1884.

La position de la ville était alors très critique, et le Général Gordon écrit « que la ville pourrait succomber dans dix jours ».

Les communications entre le fort d'Omdurman et Khartoum avaient été interrompues depuis le 3 novembre. Le fort avait à cette époque des provisions pour un mois et demi, et le Commandant Farragh-Allah-Bey avait demandé de nouveaux envois de munitions. Par conséquent, la garnison doit avoir subi de grandes difficultés au sujet de la nourriture et des autres choses nécessaires depuis le 20 décembre.

Le Général Gordon s'était tellement affaibli par l'envoi de cinq bateaux (dont quatre à la rencontre de l'expédition anglaise et le cinquième avec le Colonel Stewart), qu'il s'était vu dans l'impossibilité d'arrêter les Arabes sur le Nil Blanc, et, partant, de communiquer librement avec le fort d'Omdurman.

D'après l'estimation du Général Gordon, il existait

dans les dépôts de Khartoum, le 14 décembre, 83,525 ocques de biscuits et 546 ardebs de doura.

De l'état hebdomadaire des provisions en dépôt, il ressort que, bien que le Général Gordon eût pu réduire considérablement la dépense de doura, la ration de biscuits allouée aux troupes n'avait pas été réduite jusqu'au 14 décembre. Les provisions en magasin représenteraient approximativement dix-huit jours de vivres pour la garnison seulement. Gordon, déjà, avait été obligé de distribuer, le 22 novembre, 9,600 livres de biscuits aux pauvres, et il ajoute dans son Journal : « Je suis décidé, si la ville doit tomber, à laisser très peu de chose à manger au Mahdi. »

Il est hors de doute qu'à mesure que se prolongeait le siège, on a été contraint de distribuer de grandes quantités de provisions aux plus pauvres habitants de Khartoum. Il est donc probable que, même à ration réduite, le stock en magasin devait être en grande partie, sinon entièrement, épuisé vers le 1er janvier 1885.

La ville était alors serrée de près par les rebelles, dont l'attaque devenait certainement plus féroce à mesure qu'ils s'approchaient des retranchements.

Le Mahdi était tenu au courant, par les déserteurs, de l'extrémité à laquelle était réduite la garnison par suite du manque de provisions, et il était convaincu que la ville tomberait entre ses mains sans combat, obligée, par la famine, de capituler.

Vers le 6 janvier, le Général Gordon s'étant rendu compte du manque de nourriture de la garnison, et comprenant que l'existence d'une grande partie des habitants (dans les murs de la ville) était devenue impossible, publia une proclamation offrant à tous les habitants qui le désiraient la permission de quitter librement Khartoum pour se rendre auprès du Mahdi. Un grand nombre de personnes se prévalurent de cette permission, et le Général Gordon écrivit des lettres au Mahdi pour le prier de protéger et de nourrir ces musulmans, comme il l'avait fait lui-même pendant les neuf derniers mois.

On estime qu'il ne resta dans la ville que 14,000 habitants sur une population totale de 34,000; ce dernier chiffre est le résultat d'un recensement opéré dans le mois de septembre.

Le Général Gordon soutenait le courage de la garnison par des proclamations dans lesquelles il annonçait l'approche de l'expédition anglaise de secours, louant les soldats de la force de résistance dont ils avaient fait preuve. Il les encourageait aussi, par l'exemple de son inébranlable résolution, à ne jamais rendre la ville aux rebelles.

Il est probable, bien que la date précise de cet événement ne puisse être exactement connue, que le fort d'Omdurman tomba vers le 13 janvier au pouvoir de l'ennemi. La garnison ne fut pas maltraitée et le Commandant, Farragh-Allah-Bey, fut bien traité dans le camp des rebelles, sans doute pour encourager les soldats indécis de la garnison de Khartoum à embrasser la cause du Mahdi.

La chute du fort d'Omdurman doit avoir porté un rude coup à la garnison de Khartoum qui perdait ainsi son unique position sur la rive gauche du Nil Blanc. Les Arabes pouvaient dès lors, en élevant des batteries sur la grève, fermer complètement le fleuve aux vapeurs de Gordon. Ceci fait, ils pouvaient au moyen de bacs sur le Nil Blanc — au sud de Khartoum — mettre en communication librement et rapidement le village et le camp d'Omdurman avec leurs positions en face du front Sud (de la ligne de défense).

Vers le 18 janvier, les travaux des rebelles avaient été poussés très près du front Sud; une sortie fut exécutée par les troupes; il s'ensuivit une lutte acharnée. Environ

200 hommes de la garnison furent massacrés; mais bien qu'un grand nombre de rebelles aient été tués, aucun avantage important et durable ne paraît être résulté de ce combat pour la garnison assiégée. A la rentrée des troupes dans Khartoum, le Général Gordon leur adressa personnellement des éloges sur la belle résistance qu'elles avaient faite jusqu'alors et leur recommanda instamment de tenir encore le plus possible, car la délivrance était proche; les Anglais pouvaient arriver du jour au lendemain et alors tout serait sauvé!

L'état de la garnison était désespéré par suite du manque de vivres; les baudets, les chiens, les chats, les rats, etc., avaient été mangés. Une petite ration de gomme était distribuée tous les jours aux troupes, et une espèce de pain était fabriquée avec des fibres de palmier pilées. Gordon tint plusieurs conseils avec les notables et fit un jour pratiquer une perquisition rigoureuse chez les habitants pour découvrir des provisions; le résultat fut misérable : on trouva quatre ardebs de blé pour toute la ville! Ils furent donnés aux troupes. Gordon visitait incessamment les postes et encourageait personnellement les soldats à la résistance; on raconte qu'il ne s'est jamais couché pendant ces derniers jours.

Le 20 janvier, la nouvelle de la défaite des meilleures troupes du Mahdi à Abou-Kléa jeta la consternation dans le camp des assiégeants. Les chefs rebelles se réunirent, et l'on rapporte qu'ils firent preuve d'une grande opposition aux volontés du Mahdi et témoignèrent d'une complète indiscipline. Le 22 janvier, la nouvelle de l'arrivée des Anglais sur le Nil à Métemmeh, que l'on croyait encore au pouvoir des Arabes, décida le Mahdi à tenter immédiatement une attaque désespérée sur Khartoum avant que les renforts eussent pu pénétrer dans la ville. Il est probable que le Mahdi envoya, dès le lendemain, des lettres à Farragh-Pacha, avec lequel il avait été antérieurement en communication, en lui offrant des conditions pour la reddition de la ville et lui affirmant que les Anglais avaient été défaits sur le Nil. A ce moment, des bruits circulaient dans Khartoum relativement au combat d'Abou-Kléa et à l'arrivée des Anglais à Métemmeh.

On rapporte que les troupes du Mahdi auraient exposé des casques[1] sur la ligne de leurs travaux pour faire accroire à la garnison que les Anglais avaient été battus; mais ce fait est dénié, d'une manière très positive, par des personnes qui n'auraient pas manqué d'observer un incident de ce genre.

Le 23 janvier, le Général Gordon eut une entrevue orageuse avec Farragh-Pacha. Un témoin donne pour cause à cette discussion le fait que Gordon, en visitant une position de défense sur le Nil Blanc, placée sous le commandement de Farragh-Pacha, aurait constaté qu'elle était mal gardée. Gordon aurait même frappé Farragh-Pacha. Il me paraît plus vraisemblable que pendant cette entrevue Farragh-Pacha aurait proposé de rendre la ville, en faisant connaître les conditions que le Mahdi accorderait, et qu'il aurait émis un avis favorable à leur acceptation. Quoi qu'il en soit, Farragh-Pacha sortit du Palais, en proie à une grande colère, repoussant les tentatives réitérées des Officiers qui désiraient amener une réconciliation entre lui et Gordon.

Le lendemain (24 janvier), le Général Gordon tint un Conseil de notables, au Palais. La question de la reddition de la ville fut discutée, mais Gordon déclara hautement que, quelle que fût la décision du Conseil, il ne rendrait jamais Khartoum. J'incline à croire qu'à cette

1. Les Anglais du corps expéditionnaire portaient des casques en sureau, revêtus de toile blanche, surmontés d'une pointe en acier ou en cuivre.

occasion le Général Gordon fit part au Conseil de conduite et des propositions de Farragh-Pacha ; quelque uns des membres du Conseil étaient du même avis qu Farragh-Pacha; ils estimaient que la ville ne pourra résister plus longtemps et qu'elle devait capituler e acceptant les conditions faites par le Mahdi. Mais Général Gordon ne voulut pas entendre parler d'un pareille proposition.

Le 25 janvier, Gordon était légèrement indisposé c'était un dimanche, il ne parut pas en public. Il eut pour tant plusieurs entrevues avec divers notables de ville, et il devait savoir que la fin approchait. O raconte aussi que Gordon sortit vers le tard, se rendi à l'île de Toutti, à bord de l'*Ismaïlieh*, pour mettr fin à une querelle qui avait éclaté entre soldats de l garnison. Ce fait n'a pas été confirmé par de nouveau témoignages; cependant la croyance, parmi les troupe nègres à Omdurman, que Gordon s'était échappé cett nuit même à bord de l'*Ismaïlieh* paraît s'y rattacher. Mai la circonstance que les deux bateaux ont été capturé par les rebelles, et que, plus tard, Mohamed-Ahmet, lor de sa visite à Khartoum, fit son entrée à bord de l'*Ismaïlieh*, comme aussi la preuve complète et entière que le Général Gordon a été tué aux environs du Palais ou dans le Palais même, écartent toute espèce d'incertitude.

Si Gordon a traversé la rivière jusqu'à l'île de Toutti, on ne peut douter qu'il soit rentré un peu plus tard, dans son Palais, à Khartoum.

Dans la nuit du 25, une partie des troupes affamées abandonnèrent la ligne de défense pour chercher quelque nourriture dans la ville. D'autres troupes, affaiblies par les privations et la faim, ne purent se rendre à leurs postes. Cet état de choses fut généralement connu et causa de grandes appréhensions ; nombre des principaux habitants de la ville s'armèrent, donnèrent des armes à leurs esclaves, et se rendirent sur la ligne de défense pour remplacer les soldats[1]. Cette conduite n'était pas rare; mais, cette nuit, les auxiliaires furent en plus grand nombre que dans les occasions précédentes.

Le lundi 26, vers 3 h. 30 du matin, les rebelles attaquèrent violemment le front Sud. Les principaux points d'attaque étaient la porte Bouri, à l'extrémité Est de la ligne de défense, sur le Nil bleu, et la porte Messalamieh du côté Ouest, près du Nil Blanc. La porte Bouri soutint bravement l'attaque; mais à la porte Messalamieh les rebelles, ayant rempli le fossé avec des bottes de foin, des buissons, des litières, qu'ils avaient apportés dans leurs bras, pénétrèrent dans l'enceinte des fortifications, conduits par l'Émir Wlad-el-Nedjoumi. Les défenseurs de la porte Bouri se retirèrent en voyant les rebelles derrière eux au revers des fortifications, et la ville fut alors abandonnée à la merci des rebelles.

Le Général Gordon avait organisé un système complet de communication télégraphique avec tous les postes sur la ligne de fortifications. Une grande irrégularité a dû régner dans les stations télégraphiques pour expliquer l'ignorance dans laquelle on avait laissé Gordon de l'attaque et de l'entrée des rebelles. Sans doute Farragh-Pacha est responsable, dans une certaine mesure, de ce désordre.

Farragh-Pacha a été généralement accusé soit d'avoir ouvert les portes de Khartoum lui-même, soit d'avoir été de connivence avec les rebelles pour faciliter leur entrée. Mais cela est dénié formellement par Abdalla-Bey-

1. Il paraît bien vrai que Gordon envoya des habitants et surtout des fonctionnaires ou des employés, en armes, se joindre aux troupes pour la défense. Mais le récit du Major Kitchener, dans cette partie, se ressent évidemment de la nature des témoignages qu'il venait de recueillir, témoignages émanés surtout de non-militaires.

Ismaïl[1], qui commandait un bataillon de troupes irrégulières le jour de la chute de la ville, ainsi que par 30 soldats réfugiés, qui s'échappèrent dernièrement et arrivèrent à Dongola vers les derniers jours de l'occupation anglaise. Les accusations de trahison ont été toutes très vagues; elles sont, à mon avis, le résultat de simples suppositions.

Hassan-Bey-Balmasawy (*sic*), qui commandait à la porte Messalamieh[2], n'a pas fait une résistance réelle, (*proper defence*); il a négligé — *proper defence* — d'avertir le général Gordon du danger que courait la ville. Il paraîtrait qu'il aurait pris service auprès du Mahdi et serait allé dans le Kordofan avec l'Émir Abou-Omga.

A mon avis, Khartoum a été pris d'assaut, alors que la garnison était tellement exténuée par des privations de toutes sortes qu'elle ne pouvait opposer une résistance sérieuse.

A peine entrés dans la ville, les rebelles se précipitèrent par les rues, hurlant et tuant tous ceux qu'ils rencontraient; ces horreurs contribuèrent à augmenter la panique et à détruire toute résistance.

Il est difficile, à cause de la confusion des divers récits, de connaître d'une manière exacte les circonstances détaillées de la mort de Gordon. Tous les témoignages semblent établir cependant qu'il a été tué au Palais, ou dans les alentours; son cadavre aurait été reconnu plus tard par plusieurs personnes.

Il paraîtrait qu'une compagnie de troupes nègres se trouvait dans le Palais, en outre des Cawas du Général. Les rebelles rencontrèrent sans doute un peu de résistance,

1. Les informations ultérieures et le procès ont établi qu'Abdalla-Bey-Ismaïl ne méritait pas grande confiance. Gordon le tenait pour fort suspect.

2. Sur ce point, le Major Kitchener était insuffisamment renseigné.

mais je pense que le Général Gordon était déjà sorti. Voici le seul récit (émanant d'une personne qui se prétend témoin oculaire de la scène) de la mort du Général Gordon : — « En entendant le bruit, j'ai pris le baudet de mon maître et me suis rendu, avec ce dernier, au Palais. — Nous rencontrâmes Gordon-Pacha à la porte extérieure du Palais. Mohamed-Bey-Moustapha, accompagné de mon maître, Ibrahim-Bey-Rouchdi, et d'une vingtaine de Cawas environ, s'achemina avec Gordon-Pacha vers la maison du Consul autrichien, Hansal, près de l'église; nous rencontrâmes un groupe de rebelles sur une petite place découverte près de la porte extérieure du Palais. Gordon-Pacha marchait devant, en tête de la petite troupe. Les rebelles nous envoyèrent une décharge de leurs fusils et Gordon fut tué sur le coup; neuf Cawas, Ibrahim-Bey-Rouchdi et Mohamed-Bey-Moustapha furent également tués; les autres s'enfuirent. »

Un grand nombre de témoins déclarent que Gordon fut tué près de la porte du Palais. Différents récits ont été faits, par ouï-dire, sur les particularités plus ou moins précises de cette mort. Plusieurs témoins, dignes de confiance, ont vu et reconnu le corps de Gordon à la porte du Palais; l'un d'eux raconte qu'il était légèrement vêtu.

La coutume du Soudan de trancher et d'exposer la tête des ennemis tombés fut pratiquée à Khartoum suivant toute apparence, comme l'avait pratiquée le Moudir de Dongola après la bataille de Korti. Les sauvages rebelles Bagara paraissent avoir eu des doutes sur l'identité du corps de Gordon, et une grande discussion s'éleva dans le camp même du Mahdi, à Omdurman, au sujet de l'identité de sa tête; les uns prétendirent la reconnaître, les autres contestèrent. Mais un témoin, sérieux, selon toutes les apparences, raconte avoir vu réellement les rebelles couper la tête de Gordon, à la porte du Palais, après la chute de la ville.

Le massacre dura environ six heures[1]; 4,000 personnes, au moins, furent tuées. Les troupes nègres furent épargnées, sauf celles qui s'étaient défendues à la porte Bouri et sur d'autres points; un très grand nombre d'habitants et d'esclaves furent tués ou blessés. Les Bachibouzouks et les troupes régulières blanches, comptant 3,327 hommes, ainsi que les troupes irrégulières de Schaggiehs, composées de 2,330 hommes, furent massacrés de sang-froid, après s'être rendus et laissé désarmer.

Le Consul Hansal fut tué dans sa maison. Le Consul Nicolas, un docteur et Ibrahim-Bey-Fauzi, secrétaire de Gordon, furent faits prisonniers; ce dernier avait été blessé.

Vers dix heures du matin[2], le Mahdi donna l'ordre d'arrêter le massacre, qui cessa aussitôt. Les rebelles se mirent alors à piller la ville, dont ils chassèrent les habitants; ces derniers étaient fouillés à leur sortie de la ville, et conduits à Omdurman, où les femmes furent distribuées comme esclaves aux chefs rebelles. Les hommes, après avoir été retenus prisonniers, sous bonne escorte, pendant trois jours, furent dépouillés et autorisés à chercher leur nourriture comme ils pourraient.

Il paraîtrait que le Mahdi se serait montré fâché de la mort du Général Gordon; mais, bien qu'il ait pu feindre un pareil sentiment à cause des troupes nègres, il ne saurait exister, à mon avis, aucun doute que s'il en eût exprimé le désir, Gordon eût été épargné.

La présence de Gordon, prisonnier dans le camp, eût constitué un danger permanent pour le Mahdi, parce que

1. Il ne semble pas que le massacre ait pu durer aussi longtemps. Les Mahdistes sont entrés dans Khartoum après le coucher de la lune, vers quatre heures du matin; et l'aman a été proclamé au soleil levant.

2. Il résulte des témoignages entendus au procès que l'ordre du Mahdi proclamant l'aman fut donné avant dix heures.

les troupes nègres de Khartoum et du Kordofan aimaient et vénéraient Gordon; beaucoup d'hommes influents le considéraient comme un bienfaiteur.

Le manque de discipline dans les tribus réunies autour du Mahdi eût rendu dangereuse la présence d'un prisonnier que les troupes nègres lui préféraient, et en faveur duquel, par un revirement de sentiments, une révolte eût pu être couronnée de succès dans son propre camp. En outre, le Mahdi comptait bien qu'une fois Gordon tué, les Anglais se retireraient et le laisseraient en paix.

Le Mahdi avait promis à ses adhérents, à la chute de Khartoum, autant d'or et d'argent qu'ils pourraient en emporter; mais on ne découvrit aucun trésor, et cette déconvenue occasionna un très vif mécontentement.

Trois jours après la chute de la ville, Farragh-Pacha fut amené et sommé de désigner l'endroit où était cachée la caisse du Gouvernement. Naturellement, il ne put rien désigner, car il n'existait aucun trésor; aussi fut-il tué immédiatement sur la place publique, à Omdurman.

Plusieurs autres individus furent torturés pour leur arracher l'aveu de l'endroit où le trésor avait été enfoui; il en résulta des opinions contradictoires (?).

Le troisième jour après la chute de Khartoum, plusieurs prisonniers aperçurent dans la direction de l'île de Toutti les bateaux à vapeur de sir Charles Wilson, ayant à bord les troupes anglaises; quelques-uns même se trouvaient dans les batteries d'Omdurman au moment où les rebelles ouvrirent le feu sur les bateaux.

Le nombre des prisonniers blancs dans le camp du Mahdi a été différemment fixé par les témoins; un Grec, échappé de Khartoum, raconte que, le jour de la chute, il y avait quarante-deux Grecs, cinq femmes de même nationalité, une femme juive, six religieuses européennes et deux prêtres. Trente-quatre Grecs furent massacrés;

les autres auraient été laissés en liberté, mais dans le plus absolu dénuement.

Abdalla-Bey-Ismaïl raconte « que toutes les femmes européennes sont à Omdurman, vivant dans une zériba, formant une petite colonie, gardées par des Européens. Elles gagnent leur misérable vie en cousant, en lavant, etc. Aucune d'elles n'a été prise par les Derviches; toutes portent l'habit musulman. »

Une lettre du Mahdi est parvenue (en Égypte) relativement à ces prisonniers blancs; ils préféraient, dit le Mahdi, demeurer avec lui. Ce document porte quatre-vingt-seize signatures d'Européens; mais beaucoup doivent être fausses; telle la signature du Père Luigi Bonomi, par exemple, qui s'est échappé plus tard d'El-Obéib et n'a jamais habité à Khartoum.

Un grand nombre d'Arabes Bagara abandonnèrent le Mahdi peu de temps après la chute de Khartoum, déçus dans leur espoir d'un grand butin. Lorsque le Mahdi songea à les faire revenir par la force, ils se joignirent aux Arabes du Kordofan qui combattent en ce moment contre les partisans du Mahdi.

Le siège mémorable de Khartoum a duré trois cent dix-sept jours, et ce n'est rien exagérer que de reconnaître qu'une si noble résistance est due à l'indomptable résolution et aux ressources d'un seul Anglais !

Jamais une garnison n'a été si près d'être sauvée; jamais un Commandant n'a été aussi sincèrement pleuré.

Signé : H.-H. Kitchener, Major.

ANNEXE B

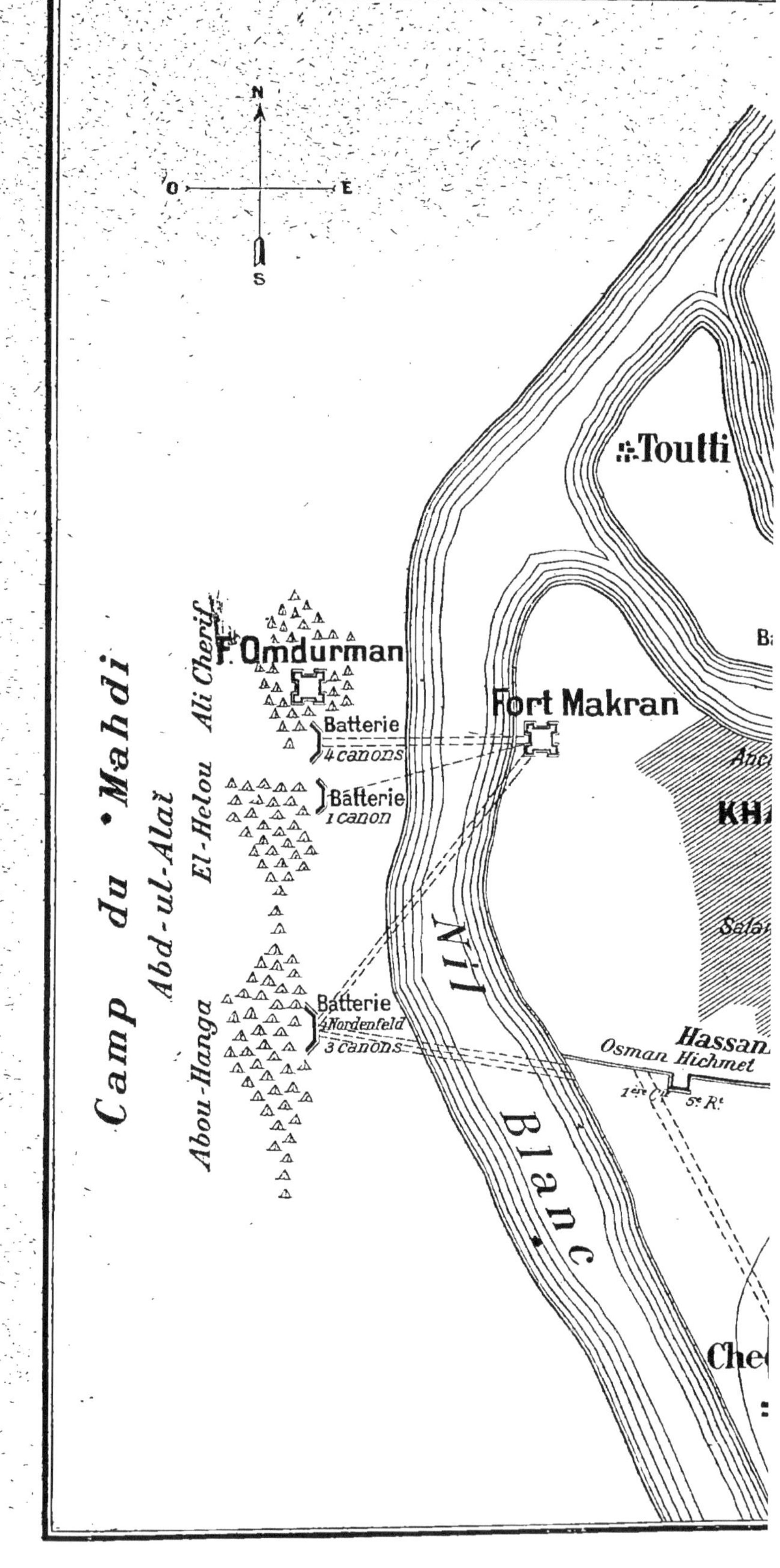
N
O
E
S
Toutti
F. Omdurman
Fort Makran
Batterie
4 canons
Batterie
1 canon
Batterie
4 Nordenfeld
3 canons
Camp du Mahdi
Abd-ul-Alaï
Ali Cherif
El-Helou
Abou-Hanga
Nil Blanc
Osman Hichmet

LA CHUTE DE KHARTOUM

PROCÈS D'HASSAN BEY BEHNASSAOUI

CROQUIS

PRÉSENTÉ PAR LA DÉFENSE

nant la situation de Khartoum, de ses forts, de la ligne de défense et des positions des Mahdistes

Ce Croquis a été dressé à l'aide :
De la carte du Soudan Égyptien établie par l'*Intelligence branch* du War Office ;
Des croquis du Journal de Gordon ;
Des témoignages entendus par la Cour.

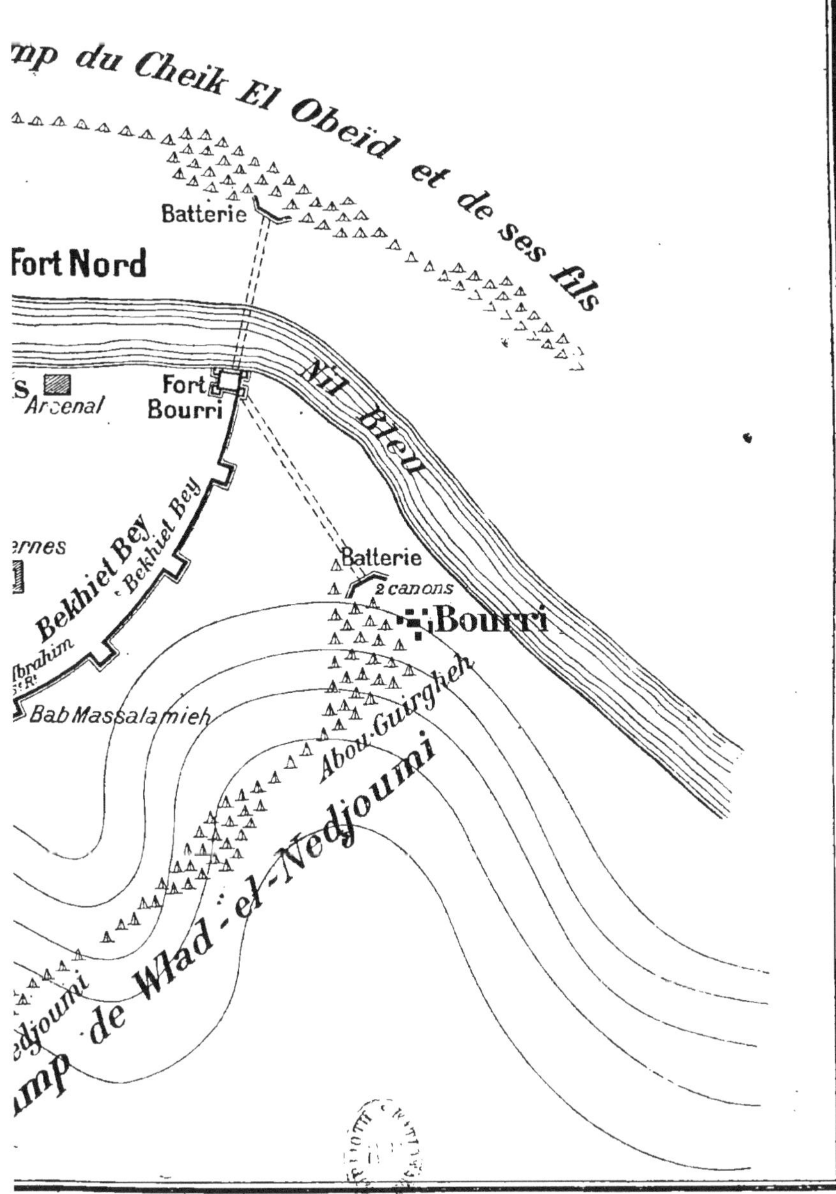

TABLE DES MATIÈRES

AUDIENCE DU 27 JUIN

AUDIENCE DU 29 JUIN

AUDIENCE DU 30 JUIN

AUDIENCE DU 2 JUILLET

AUDIENCE DU 4 JUILLET

AUDIENCE DU 5 JUILLET

FIN DE LA TABLE

Paris. — MAY & MOTTEROZ, L.-Imp. réunies
7, rue Saint-Benoit.

BORELLI-BEY

LA LÉGISLATION ÉGYPTIENNE. — Première partie : *les Codes égyptiens* pour les procès mixtes, interprétés par la conférence des articles de ces Codes avec les Codes français, les Codes pour les tribunaux indigènes, etc., et par des annotations basées principalement sur la jurisprudence de la Cour d'appel mixte d'Alexandrie, précédés des Conventions internationales et de divers documents diplomatiques relatifs à la Réforme judiciaire en Égypte, ainsi que du règlement d'organisation judiciaire, suivis du règlement général judiciaire et des instructions pour les greffiers, des tarifs, etc. Ouvrage publié avec le concours de M. Paul Ruelens, avocat près la Cour d'appel d'Alexandrie. — 1 volume grand in-8° de LXXXIX-832 pages.

Paris........ A. Rousseau.
Bruxelles.... Weissenbruck.

Notes sur des documents relatifs à l'expédition française en Égypte. *(Communication à l'Institut égyptien.)* — 1888. Le Caire, Jules Barbier.

Esquisse historique de la profession d'avocat. — 1868. Marseille, Barlatier-Feissat.

JULES BORELLI

L'ÉTHIOPIE MÉRIDIONALE. — Journal de son voyage aux pays Amhara, Oromo et Sidama. Beau volume in-4°, contenant 200 illustrations dans le texte, d'après nature, et de nombreuses cartes et plans hors texte, d'après les documents rapportés par l'auteur. — Paris, ancienne Maison Quantin, 7, rue Saint-Benoît.

Prix : Broché. . . . . **30** fr.
Cartonné, fers spéciaux. . . **37** fr.

Paris. — Lib.-Imp. réunies, 7, rue Saint-Benoît.

www.ingramcontent.com/pod-product-compliance
Ingram Content Group UK Ltd.
Pitfield, Milton Keynes, MK11 3LW, UK
UKHW020206250726
13967UKWH00003B/1307